/ О МОЕМ
УЧИТЕЛЕ
РАБАШЕ /

2019

МИХАЭЛЬ ЛАЙТМАН

ВСЕГДА СО МНОЙ

/ О МОЕМ УЧИТЕЛЕ РАБАШЕ /

МЕЖДУНАРОДНАЯ
АКАДЕМИЯ
КАББАЛЫ

Лайтман, Михаэль
ВСЕГДА СО МНОЙ. О МОЕМ УЧИТЕЛЕ РАБАШЕ / Михаэль Лайтман. – Laitman Kabbalah Publishers, 2019. – 224 с. Напечатано в Израиле.

Laitman, Michael
ALWAYS WITH ME. ABOUT MY TEACHERS RABASH / Michael Laitman – Laitman Kabbalah Publishers, 2019. – 224 pages. Printed in Israel.

ISBN 978-965-7577-96-7
DANACODE 760-141

РАБАШ – старший сын и ученик Бааль Сулама, продолжил дело своего великого отца, был последним в цепи великих каббалистов от Адама до наших дней. В своих работах РАБАШ дал подробное описание этапов духовного пути человека.

Михаэль Лайтман (философия PhD, биокибернетика MSc) – всемирно известный ученый-исследователь в области классической каббалы, ученик РАБАШа, основатель и глава Международной академии каббалы (МАК) – независимой, некоммерческой ассоциации, занимающейся научной и просветительской деятельностью в области науки каббала.

М. Лайтман – автор более 70 книг, переведенных на 40 языков, являющихся углубленными комментариями ко всем оригинальным каббалистическим источникам.

Copyright [c] 2019 by Laitman Kabbalah Publishers
1057 Steeles Avenue West, Suite 532
Toronto, ON M2R 3X1, Canada
All rights reserved.

ОГЛАВЛЕНИЕ

/ ГЛАВНЫЙ ВОПРОС ЖИЗНИ / 10
/ ТЕБЯ ПОДВОДЯТ К СТЕНКЕ ... / 16
/ АНГЕЛ НА СВЕТОФОРЕ / 18
/ ПРОСЧИТАТЬ ВЫСШИЙ СЦЕНАРИЙ / 19
/ НЕ ХОЧУ ЕХАТЬ / 21
/ МНЕ ДАЛИ ШАНС / 22
/ ШОК / 26
/ НАШЕЛ И НЕ ОТПУЩУ / 29
/ ГИЛЕЛЬ РАЗЖИГАЕТ / 30
/ РАБАШ ХОЧЕТ ГОВОРИТЬ С ТОБОЙ / 31
/ ОН БРОСИЛ МЕНЯ?! / 34
/ ПОСЕЯННОЕ СОМНЕНИЕ / 36
/ «ХИТРЫЕ» КАББАЛИСТЫ / 36
/ ВОТ ТАК Я НАЧАЛ ЖИТЬ / 38
/ В ОЖИДАНИИ ЧУДА / 39
/ РАБАШ ИСПУГАН / 40
/ УГОВОРИЛ! / 41
/ К СЕРДЦУ / 43
/ СЛУЧАЙНОСТЕЙ НЕ БЫВАЕТ / 43

/ МЕЖДУ ГИЛЕЛЕМ И РАБАШЕМ / 46
/ СИСТЕМА РАБАША / 47
/ СОСТОЯНИЯ / 49
/ РАБАШ РУКОВОДИТ / 50
/ ДЕРЖАТЬСЯ РУКАМИ И ЗУБАМИ / 52
/ МОИ СТРАХИ / 54
/ ВСЕ ТОЛЬКО НАЧИНАЕТСЯ / 56
/ ТО, ЧТО НАПИСАНО ОТЦОМ... / 58
/ «СЗАДИ И СПЕРЕДИ ТЫ ОБЪЕМЛЕШЬ МЕНЯ» / 60
/ ЖЕСТКИЙ ГРАФИК / 62
/ ПАДЕНИЯ / 65
/ «ШАМАТИ» – «УСЛЫШАННОЕ» / 68
/ «У НИХ НЕТ ЛЕВОЙ ЛИНИИ» / 71
/ НЕ УСЛЫШАТ ОНИ! / 75
/ МОЛИТВА / 77
/ ВОЛШЕБНАЯ КНИГА / 78
/ ЭТО ВСЕ ОБО МНЕ / 80
/ ВОТ, ЧТО Я УЗНАЮ О СЕБЕ... / 84
/ МЫ – ГРУППА / 86
/ ПЕСАХ ПО РАБАШУ / 89
/ КОФЕЙНОЕ ЗЕРНЫШКО / 91
/ КАК ТЯЖЕЛО МНЕ БЫЛО! / 94

/ «НИЧТОЖНОСТЬ» КАББАЛИСТА / 97
/ ОН ЗАБИРАЕТ У МЕНЯ СИЛЫ / 99
/ ПОЧЕМУ НЕ ПРОСИЛ?! / 100
/ РАБАШ И КОЦК / 102
/ ТИШИНА / 103
/ ПЕРЕД ПРОРЫВОМ / 106
/ МЫ ЕЩЕ БЛИЖЕ / 108
/ МОЕ ПРЕДЛОЖЕНИЕ БЕРГУ / 111
/ РАБАШ ЗАГОРАЕТСЯ / 113
/ ВОТ, КАК ПОЛУЧИЛОСЬ… / 115
/ РЕВОЛЮЦИЯ / 117
/ РЕВОЛЮЦИОНЕР / 118
/ В КАКОЕ ВРЕМЯ МЫ ЖИЛИ… / 120
/ НИКАКИХ КОМПРОМИССОВ / 123
/ ДЕСЯТКИ / 126
/ ЭТО ЖИЛО В НЕМ / 127
/ ВЗРЫВ ЭТОТ ГОТОВИЛСЯ / 131
/ И НАЧАЛОСЬ!.. / 135
/ ЗНАЕТ! / 136
/ МЫ ПОКУПАЕМ ПЕЧАТНУЮ МАШИНКУ / ... 139
/ ЗНАТЬ СВОЮ ДУШУ / 141
/ ЗАБОТА О ДРУГИХ / 143

/ НЕОЖИДАННО – ЗОАР / 145

/ УЕДИНЕНИЕ РАБАША / 149

/ ОН БЫЛ НЕ ЗДЕСЬ / 151

/ ВЫХОД / 153

/ О ТРАПЕЗЕ / 155

/ ВМЕСТЕ! / 156

/ ТРЕПЕТ / 158

/ ГОСТИНИЦА НА ДВОИХ / 160

/ СКАЗАННОЕ ОСТАЕТСЯ / 161

/ ВЕЧНОСТЬ В ТВЕРИИ / 163

/ ПУСТЬ СТРАДАЕТ / 165

/ ХОЗЯИН НАД ТЕЛОМ / 167

/ АТАКИ НА МИР / 168

/ МЫ МОГЛИ ПРОРВАТЬСЯ… / 170

/ МОЕ ОТКРЫТИЕ / 174

/ МОИ РОДЫ / 175

/ МОИ ПАДЕНИЯ / 178

/ ОТМЕНА ПЕРЕД УЧИТЕЛЕМ / 182

/ КОГДА ПРИХОДИТ «НОЧЬ» / 184

/ ОШИБКА / 186

/ СИЛА РАБАША / 189

/ РАБАШ И СТРАХ / 193

/ НЕПРЕДВИДЕННОЕ / 197
/ РАБАНИТ ЙОХЕВЕД / 199
/ В БОЛЬНИЦЕ / 200
/ ЛЮБОВЬ / 201
/ РАЗЛУКА / 202
/ РАБАШ ВНОВЬ ПОРАЖАЕТ МЕНЯ / 204
/ РАБАШ СЛАБЕЕТ / 205
/ ПОСЛЕДНИЕ ДНИ / 210
/ «БЕ ТОХ АМИ АНОХИ ЁШЕВЕТ...» / 212
/ ТАК ОН УШЕЛ / 214
/ УШЕЛ И ОСТАЛСЯ / 216
/ И ВДРУГ ЕГО НЕТ!.. / 219
/ М. ЛАЙТМАН В СОЦИАЛЬНЫХ СЕТЯХ/ 223

/ГЛАВНЫЙ ВОПРОС ЖИЗНИ/

Я пришел к РАБАШу[1] уже уставшим от поисков, изголодавшимся по истине – тщетно искал ее всю жизнь.

«Зачем живу?» – этот вопрос измучил меня, иссушил буквально. Я помню себя еще ребенком, я лежу в высокой траве городского парка, смотрю на звезды и думаю с тоской и надеждой: «Может быть, оттуда ко мне придет ответ? В чем смысл моей жизни, ну, в чем?!» Я еще и не начал жить, а тоска уже съедала меня. Тоска по неведомой, высокой, подлинной цели.

---
[1] РАБАШ – р. Барух Шалом а-Леви Ашлаг (1907-1991), сын и ученик Бааль Сулама – величайшего каббалиста XX века.

Шли годы, я пытался найти ответ в науке, вычитать в книгах, понять логически. Но ничего не получалось. Только хуже становилось. Все больше раскрывалась пустота и безнадежность всех моих усилий. В какой-то момент даже подумал, что так и умру, ничего не добившись.

Переехал в Израиль. Четыре года отработал в армии, ремонтировал электронику самолетов.

Затем ушел, открыл собственный бизнес, который приносил хорошие доходы, купил двухэтажную квартиру-пентхаус, пытался подражать богатым и знатным, думал – забудусь...

Но, нет, не получалось, вставал ночью, выходил во двор и не мог сдержаться, сами наворачивались слезы. «Да что же это такое?!» – думал и обращался к кому-то, неизвестно к кому: «Хотя бы направление дай, где искать?!»

В какой-то момент подумал – у религиозных. Увидел: ходят благостные, успокоенные – видимо, нашли смысл жизни. Поехал в Иерусалим, к известному русскоязычному раввину, тот рассказал полностью серьезно, что змей был на двух ногах – «Разве нет? Так написано!»

– Я должен в это верить? – спросил его.

– А как же, вот, посмотри, написано черным по белому, – ответил он.

Это сразу меня отпугнуло своей полной ненаучностью.

Встретился с Брановером, доктором физики, ставшим религиозным человеком, думал: физик, человек науки… – не пошло.

Три месяца проучился в Кфар Хабаде[2], с подростками изучал Талмуд[3], читал «Танию»[4]. Ушел.

---

[2] Кфар-Хабад (ивр. כפר חב״ד) – религиозное поселение хасидов ХАБАДа в Израиле. ХАБАД – направление в хасидизме, также называется любавичским хасидизмом. .

[3] Талмуд – (учение), свод правовых и религиозно-этических положений иудаизма, охватывающий Мишну и Гмару в их единстве.

[4] Тания (ивр. תניא) или Ликутэй Амарим (ивр. ילקוטי אמרים) – основополагающая книга ХАБАДа.

За время этих «хождений», встретил товарища, который так же, как я, искал. Звали его Хаим Малка, мы подружились, начали встречаться каждый вечер и методично прорабатывать все книги. Хаим читал вслух, а я записывал, как на лекциях в университете. Так мы проштудировали много книг РАМАКа[5], РАМХАЛя[6].

Но чувствовал – книги не помогают, больше того – и не помогут. Понял – самим не прорваться. Надо искать Учителя. Того, кто уже прошел этот путь. Сказано – сделано, – начали искать.

Встретились с Баба Сали[7], все говорили, что он каббалист. Он оказался простым, очень открытым человеком, рассказывал то, что видел, но объяснить это не мог.

Потом я натолкнулся на центр Берга[8]. Скупил там все книги, которые только были. Встретился

---

[5] РАМАК – р. Моше Кордоверо (1522-1570) – известный каббалист, представитель цфатской школы каббалы, автор многих книг.

[6] РАМХАЛЬ – р. Моше Хаим Луцатто (1707-1747) – каббалист, автор десятков книг по каббале и по еврейской этике.

[7] Исраэль Абухацира (также был известен как Баба-Сали, что означает «молящийся отец», или «отец Исраэль»; 1889-1984) – каббалист, духовный лидер марокканских евреев, живущих в Марокко и Израиле.

[8] Центр каббалы Берга – основан в 1971 г. Создатель центра р. Ф. Берг – ученик р. Й. Брандвейна – одного из учеников Бааль Сулама.

с самим Бергом, даже взял у него несколько уроков, пока он не подключил к объяснению космос. Тут я понял: это уж точно не мое, терпеть не мог никакой мистики…

Попал в Иерусалим к Ицхаку Зильберману. Это был всеми признанный каббалист. Жил в Иерусалиме. Учил каббалу по Виленскому Гаону (АГРА)[9]. И при этом был религиозный человек, которого все уважали, а не мистик Берг, которого терпеть не могли. Он мне сказал: «Мы с тобой живем среди верующих, поэтому должны изучать Талмуд. Он обеспечит нам защиту, чтобы мы могли учить каббалу. Ведь каббалу никто не любит».

Начал учиться у него. Он немножко давал основы каббалы по книге «Сафра дэ-Цниюта» АГРА. И тоже ничего не мог объяснить! Просто читал и всё. Меня это бесило: «Ну, а в чем же дело? – спрашивал я, – о чем это?» Тот отвечал: «Когда-нибудь мы об этом узнаем». Меня это «когда-нибудь» не устраивало. Мне нужны были ответы, а не обещания. Потом Зильберман приехал ко мне

---

[9] АГРА – (Виленский гаон) – р. Элияху бен Шломо Залман (1720-1797) – каббалист, выдающийся духовный авторитет.

домой и увидел у меня на полках книги Бааль Сулама[10]. Он побелел, указал на них рукой и сказал: «Это лучше спусти в подвал, с глаз долой». Тут я и решил, что пора заканчивать с ним.

Так я впервые защитил Бааль Сулама, хотя и не знал тогда, что с его именем, с его наследием свяжу всю свою последующую жизнь.

[10] Бааль Сулам – р. Йегуда Ашлаг (1884-1954). Основоположник современной методики каббалы. Автор комментариев на сочинения АРИ. Имя «Бааль Сулам» получил после выхода в свет его комментария «Сулам» («лестница» – ивр.) на Книгу Зоар.

/ТЕБЯ ПОДВОДЯТ К СТЕНКЕ.../

И вот однажды после очередных поисков учителя, мы сидели с моим другом Хаимом Малка в его квартире, в Реховоте. Я пришел после работы, уставший и опустошенный – просто приволок себя. Был холодный, дождливый зимний вечер, с сильными порывами ветра. Хаим предложил: «Давай заварим кофе, как обычно, и будем учиться». Но я ответил: «Нет, я уже больше не в состоянии».

Я помню то свое ощущение очень явно: все тщетно, идти некуда, зачем мне такая жизнь?!

Это чудо, когда человека подводят к такому состоянию и не дают ему сбежать. Казалось бы, надо встать, хлопнуть дверью и забыть все напрочь. Деньги у меня есть и не малые, работа есть, семья замечательная, езжай куда хочешь, путешествуй, живи в свое удовольствие. Но нет. Тебя подводят к стенке, просто прижимают к ней, и вдруг вкладывают в сердце последнюю надежду.

Только потом, через много лет, я понял, что это самые дорогие моменты жизни, когда ощущаешь полный тупик. Что это и называется молитвой.

И вот в этом безнадежном состоянии я говорю:

– Хаим, мы прямо сейчас едем искать учителя. – Из тумана, из полного бессилия выплыли эти слова. – Мы должны его найти сегодня!

– Где найти? – спросил он. – Мы же с тобой везде были.

– Я слышал, что каббалу изучают в Бней-Браке[11].

И не то, чтобы я думал об этом когда-то. За все эти годы я заезжал в Бней-Брак всего один или два раза, не знал этого города. И вдруг сказал: «В Бней-Брак».

И Хаим тоже, практически не думал ни секунды, вдруг согласился: «Хорошо, давай съездим».

Мы сели в машину и поехали. Я помню, ливень заливал лобовое стекло, я ехал практически вслепую. Но не было даже мысли остановиться, переждать дождь, вернуться, нет, – ехать, и как можно быстрее.

---

[11] Бней-Брак (ивр. בְּנֵי בְּרַק) – город в Израиле, находится в Тель-Авивском округе. Большую часть города составляют религиозные жители.

/АНГЕЛ НА СВЕТОФОРЕ /

Приехали в Бней-Брак. Стоим на перекрестке посреди города, куда ехать неизвестно?! И тогда я открываю окно и сквозь ливень кричу человеку в черной религиозной одежде, он стоит на светофоре, словно поджидает нас. Я кричу:

– Скажите, где здесь изучают каббалу?!

Это было сорок лет назад, тогда от слова «каббала» шарахались, как от проказы. А этот человек посмотрел на меня и так спокойно сказал: «Поверни сейчас налево, поезжай до плантации, напротив нее увидишь дом, – там изучают каббалу».

РАБАШ, когда узнал об этой истории, сказал: «Это был ангел. Именно так и приводят человека в нужное место. Берет тебя некая сила, разворачивает и направляет туда, где найдешь ответ на все свои вопросы. Если приложил усилия, обязательно приведут».

/ПРОСЧИТАТЬ ВЫСШИЙ СЦЕНАРИЙ /

И вот мы едем. Действительно, через несколько сот метров, выплывают из темноты деревья апельсинового сада, проявляется дом.

Тускло светится одно дальнее окно. Мы останавливаемся, входим. Везде темно, кроме маленькой комнаты в конце зала. Мы заходим в нее и видим, – пять-шесть стариков сидят и учатся.

Я, помню, спросил прямо от двери: «Здесь учат каббалу?». Старик, сидящий во главе стола, сказал нам, как-то совсем запросто: «Да, здесь, садитесь». Мы сели.

Они читали Книгу Зоар[12]. Читали на арамите[13] вверху, на иврите внизу, а поясняли на идише[14]. Иврит я знал более-менее, умел читать, говорил на нем, а вот арамит и идиш… – это было слишком. Я хотел сразу встать и ехать искать новое место, я был нетерпелив, и мне было все равно, что подумают обо мне, но Хаим удержал меня. Он был привычен к учебе в религиозном заведении, был полон уважения «к мудрецу и ученикам мудреца». Поэтому жестом остановил меня, сказал: «Сидим!»

Так мы и просидели до конца урока, я еще подумал, что и иврит их мне так же непонятен, как арамит и идиш, подумал – «Надо бежать отсюда, да побыстрее». Но старец вдруг спросил:

– Что вы хотите?

---

[12] Книга Зоар – главная каббалистическая книга, написана примерно в 120 году н.э. Автор: рабби Шимон бар Йохай (сокр. РАШБИ).

[13] Арамит – язык семитской группы. В древности арамит был разговорным языком в Земле Израиля, Сирии и Месопотамии.

[14] Идиш – (дословно «еврейский») – еврейско-немецкий диалект германской группы, исторически основной язык ашкеназских евреев, на котором в начале XX века говорило около 11 млн. человек по всему миру.

– Мы приехали из Реховота и хотим найти место, где изучают каббалу, – ответил я.

Помню, так и сказал: «Мы хотим найти место», а не «хотим изучать», потому что был уверен, что здесь не задержимся.

– Я организую вам это место. Дайте мне номер телефона, я все устрою и позвоню. – ответил старец.

Сколько же раз потом я думал, как невозможно просчитать логически этот Высший сценарий! Я ведь был готов уйти тогда, сбежать. А меня остановили. Какое счастье!

/НЕ ХОЧУ ЕХАТЬ /

Мы вернулись в Реховот. Назавтра было обычное рабочее утро. Около 4-х часов дня Хаим пришел ко мне и сообщил: «Сегодня мы едем учиться». Я сказал ему, что не поеду, я не впечатлился ни от них, ни от их учителя. И иврит этот я не понимаю. Короче, это потеря времени, а мы его уже достаточно потеряли.

Но Хаим настаивал, не сдавался, сказал, что пообещал, что мы не можем не ехать, что нужно проявить уважение и приехать, хоть ненадолго.

И я согласился. Но с условием, что мы приедем, посидим минут пять-десять, а потом я сделаю вид, будто бы вспомнил, что назначил важную встречу, и мы исчезнем навсегда.

Он пообещал мне, и мы поехали.

/ МНЕ ДАЛИ ШАНС /

Когда мы приехали, там снова был тот главный старец.

Тогда я не знал, что это и есть РАБАШ – величайший каббалист, которому я буду обязан жизнью – ни много ни мало.

Я был тогда никто, чтобы понять это. Вот так закрывают человеку глаза, уши, разум, и ты не видишь, кто перед тобой, готов все бросить и уйти. Но, все-таки, держат тебя, дают тебе шанс уцепиться. И мне дали этот шанс.

Первой зацепкой было то, что я увидел на здании табличку «АРИ – Ашлаг»¹⁵. Ночью я не видел этой записи. Я знал, что АРИ – это великий каббалист XVI века, мы с Хаимом пытались читать его «Древо Жизни».

---

¹⁵ «АРИ – Ашлаг» название составлено из имен каббалистов: Йегуда Ашлаг (Бааль Сулам) и АРИ – полное имя Ицхак Лурия Ашкенази (1534-1572). Один из величайших каббалистов в истории человечества. Создал основополагающую систему обучения каббале. Пользуясь его методикой, каждый человек, изучающий каббалу, может прийти к цели творения. Основной труд – книга «Древо жизни».

Я знал, и кто такой рав Ашлаг (Бааль Сулам). Мы читали его учебник «Учение десяти сфирот»[16], это было не просто. Прорабатывали его «Введение в науку каббала»[17], думали, что-то понимаем. Короче, это меня немного успокоило. «АРИ-Ашлаг» – это точно была каббала.

Мы вошли, РАБАШ подозвал одного из стариков, он назвал его Гилелем, подозвал, как какого-то ребенка, и сказал:

– Гилель, иди сюда, поучись с ними.

Гилелю тогда уже было где-то 65 лет, это был больной старик, со слезящимися глазами и бледным лицом, он еле-еле двигался. Я еще подумал: «И это он нам будет преподавать?»

---

[16] ТЭС – Талмуд Эсер Сфирот (пер. с ивр. – «Учение десяти сфирот») – основной каббалистический учебник нашего времени (6 томов, более 2000 страниц). Главное наследие Бааль Сулама. Хотя Бааль Сулам знаменит как автор комментария «Сулам» на Книгу Зоар, но для стремящихся войти в высший мир труд «Учение десяти сфирот» дает силы, необходимые для преодоления границы, разделяющей наш и высшие духовные миры. Включает в себя вопросы и ответы, материалы для повторения и запоминания, объяснения, графики, чертежи и так далее. В книге дается описание законов и сил, управляющих нашим мирозданием.

[17] Статья Бааль Сулама, которую начинают изучать перед Книгой Зоар и ТЭС.

Потом я узнал, что Гилель был потомком известного хасидского рода, мог бы стать во главе династии, но как-то в молодости встретился с РАБАШем, они начали беседовать о внутренней работе, о высшем управлении, и Гилель вдруг увидел, что РАБАШ знает нечто такое, о чем он не имеет ни малейшего представления. Он был поражен, откуда у РАБАШа такие знания, он зажегся, оставил все, и прилепился к РАБАШу, как оказалось, навсегда.

Все это о Гилеле я узнаю потом, а пока буду в большом сомнении, что могу от него что-то получить. Снова буду поглядывать на дверь и думать, как бы незаметно исчезнуть ... но, останусь. И останусь я, благодаря РАБАШу. Вдруг замечу, какие легкие движения у него, как он, как-то по-особому, указывает на нас рукой, как кивает мне. Да-да, именно это вспоминается, он так взглянул на меня, что я решил не торопиться, остаться.

Сейчас-то я понимаю, что РАБАШ уже тогда все знал про меня.

/ ШОК /

Мы уселись в пустом зале дома. Снова была темно, снова гремел гром, сверкали молнии, такая зима выдалась, а здесь было тепло, уютно, и это тоже повлияло – ну, куда ты пойдешь?! И мы начали учиться.

Гилель сказал:

– Обычно мы начинаем с «Введения в науку каббала».

Я подумал, – вот где можно будет его проверить, мы же это введение изучали. Я тогда еще не знал, что «изучить» в каббале, это не то же самое, что в физике, математике, что знания здесь никакой роли не играют. Но понимание этого придет потом, а пока я был уверен в себе и готовился проверить Гилеля, вот он сидит перед нами, больной, уставший, вытирает слезящиеся глаза платком, кряхтит. Я смотрел на него и даже не предполагал, что сейчас произойдет.

Он начинает читать первое предложение из «Введения в науку каббала», читать и объяснять…

– «Рабби Ханания бен Акашия сказал», – читает он, – «Захотел Творец удостоить Исраэль… В иврите слово «удостоить» похоже на слово «очистить». Отсюда возникают два вопроса:
а) Что это за привилегия, которой нас хочет удостоить Творец?
б) Что это за «нечистота», от которой он хочет нас очистить?..

Гилель поднимает на нас слезящиеся глаза и спрашивает вслед за Бааль Суламом:

– Так от чего же Он хочет нас очистить, а?

Не дожидается нашего ответа и начинает объяснять.

И вот этого мгновения я никогда не забуду. Я вдруг почувствовал, что буквально прикован к стулу. Меня охватила дрожь. Я смотрел на него и не мог оторвать глаз.

Никогда, никогда в жизни я не слышал такого стройного, точного, научного объяснения. Передо мной был не болезненный старик, а борец, у которого в руках щит и меч, не уставший, никому не известный учитель, а Великий Мудрец, каких не видел мир.

Он объяснял сложнейшие вещи, «квантовую физику, высшую математику» духовного мира, но в очень простой форме, с точными определениями, легко и понятно. Он раскрывал нам великого Бааль Сулама. Он переворачивал мышление.

Что я почувствовал тогда? Ну, что чувствует человек, когда приходит избавление от страшной боли, от огромных страданий, от смертельной болезни, когда тебе уже поставлен диагноз – неизлечимо! И вдруг, оказывается, что есть лекарство, и ты точно выздоровеешь.

И все мои вопросы: «зачем я?», «почему я?», «откуда я?», «для чего я?», «кто я?», – все мои личные вопросы, которые изранили меня, и глобальные вопросы одновременно: «а мир для чего?», «а все мироздание?» – все они, вдруг, начали проясняться, оказалось, что они связаны накрепко, и есть на них ответы. Я понял – «Нашел! Вот оно, настоящее! Только бы не упустить!»

И самое главное, я почувствовал, что я дома. Что путь мой, полный отчаяния и безысходности, пустоты и депрессий, что он заканчивается вот здесь, в этом доме, на окраине Бней-Брака.

/ НАШЕЛ И НЕ ОТПУЩУ /

Я не заметил, как закончился урок. Гилель вдруг закрыл книгу. А во мне все требовало продолжения урока: как же можно сейчас уходить куда-то, как можно начинать заниматься земными делами, – нет, это невозможно!

Но Гилель сказал:

– Я думаю, что мы будем встречаться раз в неделю.

«Раз в неделю?!» – я услышал свой внутренний крик и тут же ответил:

– Мы свободны завтра. Мы очень хотим завтра. Мы просим – завтра!

И он согласился.

/ ГИЛЕЛЬ РАЗЖИГАЕТ /

Назавтра я уже пришел с магнитофоном. Мы начали учиться.

Примерно через два месяца, когда прошли первые восторги и я сумел уже понять, что происходит, я сделал свой главный вывод. Я нахожусь на правильном пути, с правильным учителем. Я уже не боялся задавать вопросы, причем вопросы задавал точно по делу. Спрашивал о поведении высшей силы с нами, о замысле творения и о его реализации в нас. Гилель справлялся со всеми вопросами. И тогда я их обострял.

Я вовсе не собирался запутывать его и мешать течению урока, но каждый раз хотел все больше выяснить. Я чувствовал такую жажду к этой науке, как ни к чему другому в жизни.

А он разжигал ее больше и больше. Отвечал, не задумываясь, словно зная, какой вопрос я задам. Давал конкретные, простые объяснения, как в механике: есть свет, есть сосуд, они взаимодействуют друг с другом. И вдруг оказалось, что так можно объяснить абсолютно все.

Мы начали изучать «Учение десяти сфирот». Он раскрывал нам систему миров, он вел нас от силы к силе, он был богат точным, прекрасным знанием и умел хорошо его передать.

/ РАБАШ ХОЧЕТ ГОВОРИТЬ С ТОБОЙ /

Я начал учиться зимой, а месяца через два-три, ближе к Песаху, Гилель сказал мне: «Михаэль, РАБАШ хочет поговорить с тобой наедине».

Я не слишком воодушевился, меня вполне устраивало обучение у Гилеля, оно было по мне. Но Гилель так странно посмотрел на меня, что я понял – надо идти к РАБАШу.

РАБАШ позвал меня в свой кабинет, посадил напротив, раскрыл книгу и начал учить со мной «Предисловие к Книге Зоар»[18].

---

[18] Одна из вступительных статей Бааль Сулама, с которых начинают изучать каббалу.

Я и раньше пытался читать это предисловие, но мне было сложно через него пробиться. Бааль Сулам начинает статью с того, что задает целую череду вопросов: «Что является нашей сутью?» «Какова наша роль в длинной цепочке действительности, где мы – ее малые звенья?» ...

РАБАШ читал эти вопросы и на ходу объяснял. «Как может быть, что из Вечного, не имеющего начала и конца, происходят творения ничтожные, временные и ущербные?» – читал он.

Он отвечает, я слушаю внимательно, и ловлю себя на мысли, что не очень-то понимаю, о чем он говорит.

А РАБАШ продолжает читать дальше.

Со второго или третьего пункта этого предисловия я перестал понимать его абсолютно. Я не воспринимал слова. Я не мог соединить их вместе, связать в разуме, а тем более в сердце. Хватался за мысль и тут же терял ее.

Нет, это не были тайны Торы или нечто отвлеченное. Но я чувствовал себя полным идиотом. Ведь я привык воспринимать материал, облачаться в него, выяснять, чертить, писать. А тут мне, с моим образованием, даже не за что зацепиться.

Примерно через час РАБАШ сказал: «Хорошо, на сегодня достаточно. Продолжим в следующий раз». Я вышел от него со смешанным чувством раздражения на него, на себя, но с решением, что уж в следующий раз я во всем разберусь.

Следующий раз наступил через несколько дней.

Гилель снова сказал мне: «Если хочешь, сегодня после нашего урока, ты можешь зайти к Ребе[19]».

---

[19] Ребе – уважительное обращение к раввину принятое у ашкеназских евреев. Соответствует слову АДМОР. Так называется духовный вождь у хасидов. Аббревиатура слов адонену морену ве-раббену: господин, учитель и наставник наш.

И снова у меня был с ним урок, и вновь я ничего не понял.

После этого Гилель больше не предлагал мне идти к РАБАШу.

/ОН БРОСИЛ МЕНЯ?!/

Меня это задело. Я был зол на РАБАШа. То, что я ничего не понимаю, – ну, не понимаю, что поделаешь, я ведь только начал. И именно из-за этого бросить меня, оставить?! Он разжег во мне огонь и вдруг оставил сгорать одного. Он бросил меня, как можно?!

Только потом я понял, что же со мной делал РАБАШ. Он проверял меня. Проверял, буду ли возмущаться? Буду ли искать возможность снова ничего не понять или же предпочту знания там, где ничто не задевает мое «я». По большому счету он проверял, стоит ли вообще со мной возиться. Созрел ли я для боли, для настоящего поиска, для роста, стоит ли вкладывать в меня силы или нет.

Тогда это меня возмущало, сегодня я вижу, как все было им четко выверено.

Высший всегда рождает низшего. Низший не может родить сам себя. РАБАШ проверял, – хочу ли я измениться. Буду ли пробуждать его, как плачущий младенец. Пускай, не понимая пока, что мне нужно. Просто, потому что мне плохо. Он хотел от меня неосознанной молитвы. Он хотел, чтобы я обязал его заняться мною.

Так оно и было. Я еще не был «знаком» с РАБАШем, но то, что он меня «оттолкнул», вызвало во мне огромное желание пробиться к нему.

РАБАШ все видел, чувствовал и молчал.

/ ПОСЕЯННОЕ СОМНЕНИЕ /

Я вдруг понял, что существует еще и другая учеба. Не рациональная, не научная, не та, к которой я привык. И несмотря на то, что я продолжал учиться у Гилеля, именно с этого момента у меня уже не получалось, как прежде, погружаться в исследование текстов, в попытку понять написанное, познать, изучить и радоваться тому, что изучил. РАБАШ «испортил» мне это удовольствие. Он посеял во мне сомнение, которое проросло в навязчивую мысль – проникнуть внутрь изучаемого материала.

/ «ХИТРЫЕ» КАББАЛИСТЫ /

Благодаря РАБАШу, я начал понимать, что же «вытворяет» с тобой Бааль Сулам! Он водит тебя, раскачивает так, что появляется надежда понять. Ты хватаешься за нее, радуешься… И вдруг все исчезает. И ты в отчаянии, ты разводишь руками, ну как же так?! Было так все понятно, логично... Почему же все исчезло?!

А потому что задача Бааль Сулама другая. Он приводит тебя к тому, что ничего не дадут тебе твои мозги, твой разум, на который ты опирался всю твою жизнь. Постарайся вовремя понять это, чтобы не удлинять путь. Но как же это не просто – отставить земной разум и отдаться неведомому?!

РАБАШ потребовал от меня готовности проникнуть между слов. Чтобы все изучаемое стало прозрачным. И сквозь эту прозрачность ты бы перешел в иную реальность. Это называется внутренним постижением. Когда ты постигаешь мир, находящийся за этой книгой, за ее словами. Когда через слова ты входишь в другой мир. РАБАШ дал мне почувствовать, что есть такая возможность.

И я понял, что не могу упустить ее.

/ВОТ ТАК
Я НАЧАЛ
ЖИТЬ /

Я спросил Гилеля, когда я могу прийти на ночной урок. До этого я занимался только вечерами.

Обычный урок у РАБАШа начинался в три часа ночи и продолжался до шести утра.

Я сказал:

– Я очень хочу.

Гилель ответил, что посоветуется с РАБАШем.

– Когда? – спросил я.

– Постараюсь сегодня.

– А можно – сейчас, я подожду, – сказал я.

Гилель посмотрел на меня, выдержал паузу и спросил:

– А если РАБАШ занят?

– У меня есть время, – ответил я.

Гилель поднялся к РАБАШу на второй этаж, он жил здесь же, и вскоре вернулся.

– РАБАШ согласен, – сказал он. – Приходи.

С этого момента, около сорока лет назад, начался новый период в моей жизни – самый главный. Который я и называю жизнью.

/В ОЖИДАНИИ ЧУДА /

Я живу в Реховоте, но каждую ночь приезжаю на урок в Бней-Брак. Встаю в два часа ночи, вскакиваю даже раньше! Лечу к машине и гоню, чтобы только, как можно быстрее, оказаться в нашем полутемном, прохладном зале, быть там одним из первых, быстро приготовить себе кофе и раскрыть «Учение десяти сфирот». На любой странице. Замереть над этими строчками, и пытаться почувствовать Бааль Сулама, через него проникнуть внутрь… Но разве это возможно?!

Потом приходят все. РАБАШ спускается со второго этажа. И мы учимся.

Нас было немного тогда. Большинство из них уже ушли в мир иной, но я помню каждого, каждое мгновение, взгляды, вопросы, ответы РАБАШа, и тишину, когда он закрывал глаза, и мы боялись шевельнуться, чтобы ничем не помешать ему.

Вот так я начал учиться у РАБАШа.

А Хаим Малка решил остаться у Гилеля.

/ РАБАШ ИСПУГАН /

На первый же утренний урок я принес магнитофон. Я сразу понял, что не хочу упустить ни слова, я столько шел к этому дню, я все запишу!

Поставил магнитофон на стол и вдруг увидел, что РАБАШ испуган.

Он оглядывал магнитофон, не знал, как это воспринимать, молчал и не начинал урок.

Дело в том, что не было принято ни у него, ни на уроках его отца, чтобы кто-то записывал то, о чем говорится, ни карандашом, ни ручкой, ни, тем более, на магнитофон. И вдруг все будет записано, каждое слово.

Он сказал мне: «Нет, ты не включаешь его». И сколько я не уговаривал его, он не согласился. Я понял, если я сейчас не придумаю что-нибудь, я буду проклинать себя всю жизнь.

/УГОВОРИЛ! /

Я поехал в Тель-Авив и купил особый магнитофон.

Сел напротив РАБАША и показал ему все его возможности: «Вот эта кнопка – это пауза, можно останавливать запись; вот это – перемотка, можно найти каждое слово, любое предложение; а вот этой кнопкой можно все стереть, если захотите…»

Он слушал внимательно, сам попробовал несколько раз, трогал все кнопки, нажимал, отжимал. А я тем временем добавлял ему от себя, что такие мы, новое поколение, что мы студенты, мы привыкли все записывать, конспектировать, – если я не пишу, то я и не слышу. Мы же внешние, пустые, нас надо заполнить...

И он понял. Понял, что придут вот такие новые ученики, и им надо будет с чего-то начать. Им понадобятся записи. Он согласился. Потому что он во всем был революционером. Но согласился только при одном условии. Что магнитофон будет стоять рядом с ним, и он сам будет определять, что он записывает, а что – нет.

Вот так он и управлял магнитофоном все эти годы, так и собралось более 2000 часов записи уроков. Да еще немало рисунков.

Дело в том, что я сидел рядом с ним и все записывал и зарисовывал. И он иногда подправлял мой рисунок или перерисовывал совсем.

/ К СЕРДЦУ /

Прошло время, и я понял, почему РАБАШ был против любых записей. Понял, почему он относился к этому с легким презрением. Однажды даже бросил мне: «Какая разница, сказал я тебе о чем-то или нет…» Потому что он требовал изменений в тебе самом. Не на бумагу, а в себя нужно было внести услышанное. Чтобы оно просочилось сквозь решетку памяти внутрь, к самому сердцу и отозвалось там.

Он всей своей жизнью показал мне, что это такое – каждый день быть новым, каждый день начинать с чистого листа, без всякой примеси вчерашнего, понимая, что Творец требует перемен в сердце, а не отчетов о заученном материале.

/ СЛУЧАЙНОСТЕЙ НЕ БЫВАЕТ /

Итак, я продолжаю ходить и на утренние уроки к РАБАШу, и на вечерние к Гилелю тоже.

Пока РАБАШ не проявляет ко мне никакого особого интереса. Очередной ученик, сколько выдержу, столько выдержу, во всяком случае, мне так тогда казалось.

Не знаю, что было бы дальше, если бы однажды утром меня не спросили: «Ты можешь отвезти РАБАШа к врачу?» Я сказал: «Да, могу».

Какое счастье, что я оказался в это время рядом, какое счастье, что все были заняты чем-то, и что у меня была машина. Потому что с этого момента начинается другое исчисление в моей жизни.

Я отвез РАБАШа к врачу, у него началось воспаление уха. Лечащий врач направил в больницу. В больнице врач сказал мне: «У меня подозрение, что у вашего учителя – рак». У меня сердце остановилось – «Что делать?» Врач ответил: «Срочно ложиться в госпиталь!»

Но все это происходило перед праздником Шавуот. Я заволновался, что Ребе не согласится, что придется его уговаривать. Подошел к нему, сказал, мол так и так, врачи настаивают. РАБАШ послушал меня и спокойно ответил: «Ложимся». И мы легли.

И это было для меня уроком. Я понял, что у РАБАШа есть явное понимание, что он должен быть физически абсолютно здоров для того, чтобы преподавать. Он не мог себе позволить пренебрежительно отнестись к телу, тут цель определяла все. И поэтому тело должно находиться все время в рабочем состоянии. Указания врачей РАБАШ принимал, как приказ свыше.

Далее, все развивалось на удивление гладко. Нам дали отдельную палату. Я спросил РАБАШа, когда мне лучше приезжать? Думал, скажет, днем, или в приемные часы, он всегда был законопослушен. Но он ответил: «Приезжай утром, будем заниматься».

И я задрожал. Я помню, как сейчас, тот трепет, который испытал – «РАБАШ будет заниматься со мной, наедине?!» Я не мог и мечтать об этом! Я робко спросил:

– Во сколько приезжать?

– В четыре часа, – ответил он.

Домой я не ехал – летел, как на крыльях! Надо было приготовиться.

/ МЕЖДУ ГИЛЕЛЕМ И РАБАШЕМ /

В три тридцать утра я был у входа в больницу. Меня не пустили, и я перелез через забор, порвал брюки в спешке и волнении. Поднялся к РАБАШу по пожарной лестнице, он меня уже ждал. Мы закурили, тогда можно было курить в любом месте.

На этот раз он раскрыл не «Предисловие», а «Учение десяти сфирот» (ТЭС). И начал читать.

Я так надеялся, вдруг что-то пойму, надеялся, что меня пробьет. Ведь язык, которым написан ТЭС, напоминает язык физики. Или, может быть, вот так, наедине с Учителем, мне вдруг сам собою раскроется смысл написанного? Или РАБАШ изменится по отношению ко мне и объяснит все? Но, нет. Было еще хуже.

Он ничего мне не рассказывал. Просто читал и все. А я ничего не понимал. Когда пытался задавать вопросы, он чесал в затылке и говорил:

– Ну, это так, как-то…

– Как? – спрашивал я.

– Вот так, – отвечал он.

Я был в отчаянии, что ничего не воспринимаю. Меня даже несколько раз порывало сорваться вечером к Гилелю на урок, получить готовые правильные ответы на все вопросы, и я знал, что я получу их… Но я понял, что не сделаю этого.

/ СИСТЕМА РАБАША /

РАБАШ этой своей внешней сухостью как бы спрашивал меня: «Но где же тогда твои постижения, если ты получаешь готовые ответы? Эти ответы не строят тебя как исследователя, они только наполняют тебя. При этом ты не развиваешь в себе пустоты для постижения Творца. Не возьмешь ты каббалу разумом, и не пытайся. Только "сердце понимает"».

Насколько же они разные были две эти системы – Гилеля и РАБАШа. И это, несмотря на то, что оба они были учениками Бааль Сулама.

Система Гилеля была – «Мы все способны понять, узнать».

Система РАБАШа – «Мы ничего не знаем, не понимаем».

РАБАШ настраивал тебя только на постижение. Если постижения нет, все твои знания ничего не стоят. И это было так тяжело – выходить с урока РАБАШа пустым абсолютно. И при этом видеть, как выходят другие с урока Гилеля. Радостные, окрыленные, они говорили нам: «Что вам тут не понятно? Это так просто объясняется…» И объясняли!

Однажды РАБАШ, увидев, как я стою потерянный и не понимаю, что же лучше – радость или уныние после урока, подошел ко мне и сказал:

– Если после урока ты не чувствуешь себя более пустым, чем до урока – это не урок!

Ты должен выйти с ощущением, что у тебя ничего нет. Ты должен закричать: «Что же делать?». Значит – урок удался!

К счастью, я услышал РАБАШа, вовремя раскрыл, Кто передо мной, и что надо идти за ним след в след, не раздумывая.

/ СОСТОЯНИЯ /

Но, вот что поразительно, даже понимая это, я не был защищен от сомнений.

Когда решаешься и говоришь себе: это моя жизнь, это мой путь, это мой Учитель, – вот тогда-то и поднимаются внутри тебя вопросы, именно, когда ты так уверен, – «А тот ли это путь? И тот ли это учитель? Да и цель надо бы проверить...» И начинаешь сражаться с ними, делаешь массу ошибок. Не можешь не делать их. Ты же еще ребенок.

Однажды, будучи в таком состоянии, я подошел к РАБАШу и прямо сказал ему: «Мне 34 года, я намереваюсь посвятить каббале всю жизнь. Меня волнует только один вопрос: тот ли ты Учитель, который доведет меня до цели?»

Я думал, что он меня успокоит, так ответит, чтобы я почувствовал, что мне не надо волноваться, что получу от него уверенность, силу, безопасность, а вышло совсем наоборот.

РАБАШ сказал:

– Не знаю. Ты должен сам это почувствовать.

– Как?! – спросил я, почти вскрикнул.

– Сердцем, – ответил он. – Больше никак.

Он всех отправлял к Творцу.

Никогда и никого не замыкал на себе.

/ РАБАШ РУКОВОДИТ /

Прошла неделя, и я увидел, что РАБАШ «потеплел» ко мне.

Я приходил к нему в больницу каждое утро, проводил с ним целый день, я готовился к этому, решил все будничные дела, чтобы меня ничто не отвлекало. Я очень старался не пропустить ни слова им сказанного. Это требовало большого напряжения.

Находиться с каббалистом такого уровня один на один – не просто. Были состояния, когда я вдруг с удивлением обнаруживал, что у меня нет вопросов. И вроде были, и я ведь заготовил их массу, думал – обязательно спрошу. И вдруг сижу напротив РАБАША и немею.

РАБАШ как бы «глушил» меня. Я не мог рта открыть, а он словно не обращал на меня внимания. Как часто потом я ощущал, что он руководит всей моей жизнью, что он все про меня знает наперед. Так оно и было.

/ ДЕРЖАТЬСЯ РУКАМИ И ЗУБАМИ /

Именно в больнице у нас возник тот контакт, который потом превратился в настоящую, неразрывную связь.

Я помню, не выдержал и с болью спросил его: «Ну, как понять это, как?!» Как бы ощущением – «Ну, что ты меня мучаешь?! И он вдруг ответил мне так просто, так понятно, он почувствовал мое состояние. Мы говорили о том, что написано в Талмуде: двое держатся за талит, и один утверждает «Это все мое», а другой отвечает – «Нет, мое».

– Ну, о чем здесь речь? – спросил я его. – Зачем они разрывают талит, эти двое?!

И он вдруг сказал:

– Талит[20], – это человек.

Я, помню, замер. Я поразился. Это переворачивало мозги.

А он продолжил:

– Двое, которые его разрывают, – это две силы, которые держат человека: злое начало и доброе, желание насладиться и желание отдачи.

Это было так просто и, в то же время, так глубоко.

– А сам человек должен видеть себя нейтральным, находящимся между ними, – сказал РАБАШ. – И быть ответственным за то, кто из них двоих будет говорить в нем. А теперь спроси, что Творец хочет от тебя. Это же Он так действует на тебя с двух сторон, Он!

Я вдруг так ясно ощутил, какая же неимоверная глубина заложена в нем. И что мне надо руками и зубами держаться за него из последних сил. И благодарить Творца, что дал мне этот шанс в жизни. Но вот проходит время, буквально несколько минут. И снова передо мной прежний,

---

[20] Талит – (ивр. טַלִּית) – особая прямоугольная накидка. В талит облачаются во время утренней молитвы.

«сухой» РАБАШ, который раскрывает «Учение десяти сфирот» и начинает монотонно читать прямо с того места, на котором раскрыл. Без всяких объяснений, без эмоций, читает, не обращая внимания, что я снова ничего не понимаю, ничего не ощущаю, что я снова потерян и пуст.

Сегодня я уже понимаю, что он видел меня насквозь. Знал наперед, что я останусь с ним, что кроме этого, все остальное ничего для меня не стоит, что я никуда не уйду, знал вообще все, что будет со мной. И готовил меня к этой будущей жизни.

/ МОИ СТРАХИ /

Вот так и бросал он меня то в огонь, то в полымя. То понимаю, то нет. То ощущаю, то нет. То он велик, то мне надо бороться за его величие.

В этой постоянной борьбе я и закалялся. И вдруг осознал, что езжу в больницу уже месяц, и что РАБАШа вот-вот выпишут. Я ужаснулся. Что же будет со мной тогда? Нет, это не может прекратиться! Я не могу никому отдать эти наши ночные уроки вместе, я не могу представить, что не буду готовить ему кофе, как он любит, по-иерусалимски, ложечку без горочки и кипяток без сахара, что не будет этой тишины, когда мы сидим один на один, он закрывает глаза, молчит и думает, а я буквально чувствую, с Кем он говорит… и так боюсь помешать ему, боюсь шевельнуться, вздохнуть…

А когда он начинает читать своим высоким гортанным голосом, мне хочется, чтобы это продолжалось вечно! И я ловлю себя на мысли, как же он похож на моего деда! Какой же он родной мне! Как же я не могу без него жить!

Мое сближение с ним началось именно с этой «нашей» больницы. Я пишу «нашей», пишу, «мы там лежали» – это потому, что такое ощущение и было все время. И у меня, и у него.

/ВСЕ ТОЛЬКО НАЧИНАЕТСЯ /

Страхи мои были напрасны. После больницы все только началось. Начались наши совместные прогулки по парку, поездки в лес Бен Шемен, разговоры, молчание вдвоем, – жизнь началась.

После больницы он был очень слабый. В него вкачали такое количество антибиотиков, что, когда мы приезжали в лес или в парк, я старался подвезти его поближе к скамейке.

Он выходил из машины, делал несколько десятков шагов и говорил: «Я ложусь».

Я быстро подкладывал поролоновый матрац, и он, ослабленный, как ребенок ложился и засыпал на час-полтора.

А я стерег его сон. Курил невдалеке и читал тексты, которые дали РАБАШу на проверку. Это были статьи Бааль Сулама, они потом вошли в первый том книги «Плоды мудрости»[21].

---

[21] Сборник статей Бааль Сулама.

Когда РАБАШ вставал, я ему давал горячего чая из термоса или кофе. Он немножко сидел, мы разговаривали, но очень мало, я не хотел его утомлять, и он начинал, не торопясь, проверять тексты.

/ ТО, ЧТО НАПИСАНО ОТЦОМ… /

Сразу было видно, как трепетно он относится к каждому слову своего отца, как чувствует постороннее вмешательство, как любую редактуру определяет мгновенно.

Здесь было изменено слово, здесь было вставлено предложение, а это не рука отца, он так не мог написать. Уже тогда я увидел, какая неразрывная внутренняя связь есть между ними.

Самое удивительное, что он ни разу не ошибся.

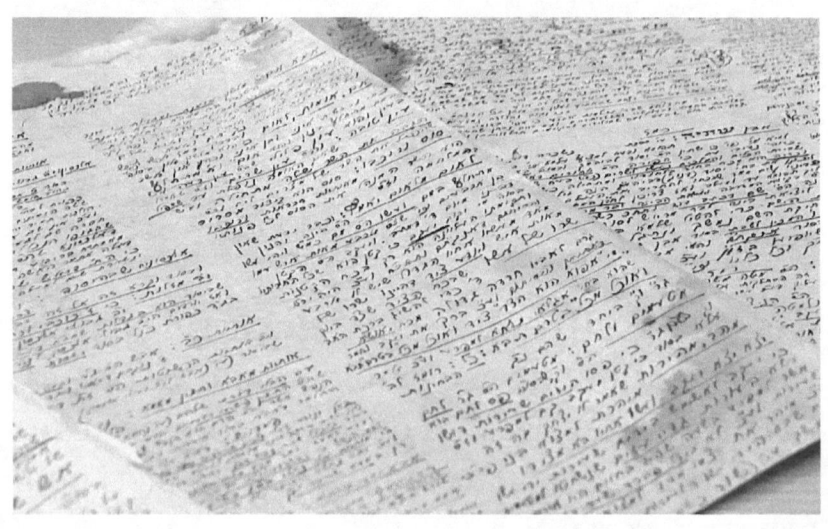

Он мне говорил, что нельзя исправлять написанное каббалистом. Даже если кажется, что это не логично, что это грамматическая ошибка, описка, оговорка – нельзя исправлять! Мы не знаем, что правильно, а что нет.

Мы так малы, наша логика так не логична с точки зрения высшей истины, что лучше не вмешиваться, потому что любая правка будет ошибкой. Каббалист знает точно, что хотел передать. Все, что написано им, выверено и не подлежит никакому сомнению.

Таково было отношение РАБАШа к текстам отца – Бааль Сулама.

Поэтому во всех наших изданиях, во всем, что издано мной и моими учениками, все написанное РАБАШем и Бааль Суламом сохранено в достоверности. Это было для нас законом.[22]

---

[22] Например: Kitvei Baal Hasulam. ARI. Israel. 2009, כתבי רב״ש ARI. Israel. 2008.

/ «СЗАДИ И СПЕРЕДИ ТЫ ОБЪЕМЛЕШЬ МЕНЯ» /

Я помню, как мы читали в лесу Бен Шемен[23] статью Бааль Сулама, которая открывает книгу «Плоды мудрости», – «Сзади и спереди Ты объемлешь меня».

РАБАШ читал медленно, он был еще слаб, но я видел, как прямо у меня на глазах к нему возвращались силы.

Он выпрямлялся, глаза загорались, уже первые строчки возвращали его к жизни: «Сзади и спереди Ты объемлешь меня…» Он это чувствовал, это было его постоянной молитвой.

«Ведь и вправду "царство Его над всем властвует", и всё возвратится к своему корню, ибо "нет места, свободного от Него"…» – это жило в нем, это определяло все его действия и мысли.

---

[23] Рукотворный лес между городами Лод и Модиин.

Поэтому у нас в машине рядом с «Шамати»[24] всегда лежали Псалмы Давида[25]. И когда он брал в руки книгу, она сама собой открывалась на 139 псалме. На том псалме, который стал основанием статьи «Сзади и спереди Ты объемлешь меня».

РАБАШ почти не смотрел в эти зачитанные, затертые страницы, он знал наизусть эту молитву царя Давида. Потому что она была и его молитвой.

---

[24] Шамати (Услышанное) – книга, состоящая из записей РАБАШа, которые он вел во время уроков Бааль Сулама

[25] Псалмы царя Давида (Теилим) – В них царь Давид, великий каббалист своего времени, описывает весь духовный путь исправления природы человека.

«Господи, Ты изучил меня и узнал. Ты знаешь, когда сяду я и встану, понимаешь мысли мои издалека. Путь мой и ночлег мой окружаешь Ты, и ко всем стезям моим привык… Ибо нет еще слова на языке моем, как знаешь Ты его, Господи. Сзади и спереди Ты объемлешь меня и возложил на меня руку Твою… Куда уйду от духа Твоего и куда от Тебя убегу? Поднимусь ли в небеса – там Ты, постелю ли себе в преисподней – вот Ты! Возьму ли крылья утренней зари, поселюсь ли на краю моря. Но и там рука Твоя поведет меня и держать меня будет десница Твоя. Скажу я: только тьма скроет меня, и ночь – вместо света для меня! Но и тьма не скроет меня от Тебя, и ночь, как день, светит…»

/ЖЕСТКИЙ ГРАФИК/

РАБАШ, как канатами, привязывал себя к Творцу.

Обычно в два ночи, за час до урока, он выходил из своего дома по улице Хазон Иш 81. Не торопясь шел, погруженный в свои мысли, до улицы Рабби Акива и возвращался обратно. Он немного напевал, делал дыхательные упражнения и думал, думал. В два часа ночи ему было удобно и хорошо подготовить себя к уроку.

В три часа начинался урок. Как обычно, с трех часов до шести.

С шести до половины седьмого – молитва. Затем минут пять мы с ним обсуждали, что делаем в течение дня, и уходили на перерыв.

В девять утра я уже подъезжал к его дому на машине, и мы уезжали или на море, или в парк, или к врачу, или на встречу с кем-то.

В половине первого мы возвращались. Я уезжал к себе домой. Обедал и с часу до четырех работал. В пять часов я уже снова был у Ребе, в это время начинались послеобеденные занятия.

С пяти до восьми был вечерний урок: мы изучали статьи Бааль Сулама и «Учение десяти сфирот», с восьми до половины девятого – Зоар, с половины девятого была вечерняя молитва, а без четверти девять вечера мы уходили домой.

Три раза в неделю по вечерам проходил урок, который называли «урок Шауля». Изучали «Древо жизни» АРИ. Этот урок не отменялся ни при каких обстоятельствах, даже если на нем присутствовал один человек – это самый Шауль (но обычно нас было 6-7 учеников). Шаулю было интересно только «Древо жизни». Когда доходили до последней станицы, РАБАШ по традиции спрашивал его: «Ну, что будем изучать дальше, Шауль?» Шауль отвечал: «Начнем сначала». РАБАШ спокойно переворачивал страницы и невозмутимо начинал все сначала…

В 20:45 все уроки заканчивались. Через пять минут после того, как Ребе поднимался к себе, он уже спал.

У него была способность великая не терять ни минуты ни в чем. И сохранять силы. Он мог быть уставшим донельзя, закрывал глаза на три минуты и мгновенно засыпал. Я будил его ровно через три минуты. Он просыпался бодрый, словно проспал 8 часов, говорил: «Эх, как я выспался!» И после этого мог преподавать еще 2-3 часа.

Он никогда не изменял своего графика. График сдвигался только, когда мы лежали в больнице или выезжали в Тверию[26]. Но это была уже совершенно другая учеба и иные отношения.

Не сразу я разобрался, почему нужно так жестко – поминутно! – выполнять все. Сначала относил все к его характеру, к старой иерусалимской закалке. Потом понял, что есть в этом глубокий смысл.

/ ПАДЕНИЯ /

Так он выводил себя из падений. Заранее предвидел их, готовился к ним, как тот старик в притче, который ищет потерянное[27].

Он знал, что перед каждым подъемом – падение. Знал, что никто сверху не подарит тебе важность цели, наоборот, тебя совершенно лишат духа жизни. Тебе еще больше раскроют твою природу, над которой ты должен будешь подниматься, превращая «мертвое» тело в живое.

---

[26] Тверия – город на западном берегу озера Кинерет в Галилее, на северо-востоке Израиля. Кинерет – самое низкое пресноводное озеро на Земле.

[27] Вавилонский Талмуд. Масехет шабат, часть 23.

Об этом сказано: «Сделай все, что в твоих силах». Ведь чем больше человек, тем больше отягощение сердца.

РАБАШ знал: единственное, что выручает его, – распорядок дня. Подъем в одно то же время, урок, книги, прогулка, работа, которую ты обязан делать, несмотря ни на что. Это стало привычкой. Привычка вошла в природу, и даже когда он чувствовал себя мертвым, он оживал, опираясь на режим.

Это «оживление» происходило на моих глазах. Он часто не скрывал от меня это. Хотел, чтобы я знал, что и меня ждет такое, чтобы понял, как держаться, как выходить из таких состояний.

Я помню его, когда он танцевал посреди комнаты с улыбкой, которую выдавливал из себя, как он хрипел: «Сейчас надо веселиться! – и начинал подпрыгивать, как дети и петь «ля-ля, ля-ля-ля!» ... Он знал, что должен выйти из этого состояния, потому что через десять минут урок.

Я помню его, лежащим лицом к стене, и такое происходило.

Он лежал, как ребенок, свернувшись калачиком, и у меня сердце кровью обливалось, когда я видел его таким. Но помочь ему я не мог.

Он лежал так пять минут, десять, концентрировался и физически, и внутренне, зависая между небом и землей. И когда через несколько минут вставал, он вставал другим человеком. Открывал книгу и погружался в нее уже осознанно…

Падения такого каббалиста огромны, но это всегда падения перед подъемом. Он это знал. И был готов к ним всегда.

/ «ШАМАТИ» – «УСЛЫШАННОЕ» /

Итак, я вожу РАБАШа на машине, не удерживаюсь, конечно, и часто заваливаю его вопросами.

Он отвечает, я вижу, что он не хочет, чтобы я молчал, ему нравятся вопросы. А вопросы я задаю острые: о свободе воли, о том, что если Творец единственный, то почему я создан из двух сил и так далее, и так далее…

И вот, однажды, когда меня совсем уже распирало от боли, что я не понимаю, не чувствую и не могу так жить, он остановил меня. Мы как раз приехали домой, он сказал: «Подожди, я кое-что тебе дам».

Поднялся к себе. Я ждал в машине. Он вынес потрепанную тетрадку и вручил ее мне. На обложке было выведено «Шамати» – «Услышанное». Он сказал: «Почитай, это то, что я записывал».

Я только заглянул в эту тетрадку – сразу все понял. Только увидел первую запись, – «Нет никого, кроме Него», – и почувствовал, как сердце забилось. Я прочитал только первый абзац, и оно забилось еще больше. Я не стал читать дальше – полетел в магазин, переснял всю тетрадь, и, когда понял, что она у меня в руках, только тогда немного успокоился.

Приехал в Реховот домой, закрылся в комнате, не пошел на работу и начал читать: «Услышано в первый день недели Итро (6 Февраля 1944 г.), – прочитал я и понял, что это услышано РАБАШем, а сказано Бааль Суламом. И я держу в руках эти записи.

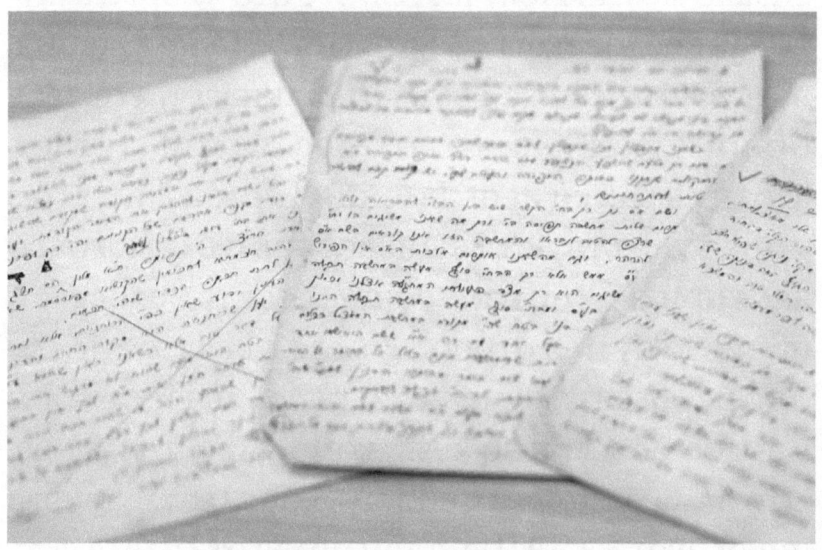

Уже одно это привело к внутренней дрожи. А уж что произошло дальше, когда я начал читать: «Сказано: "Нет никого кроме Него", – что означает, что нет никакой другой силы в мире, у которой была бы возможность что-то сделать против Творца», – было такое ощущение, что открываются мне тайны, скрытые веками от всех, что я именно это искал всю жизнь, что, вот оно, раскрытие Творца человеку в этом мире…

Я продолжал читать: «А то, что человек видит, что есть в мире вещи и силы, отрицающие существование Высших сил, так причина в том, что таково желание Творца…» – это поворачивало мозги. Получается, что это Творец запутывает человека?! «И это метод исправления, называемый "левая рука отталкивает, а правая приближает" – и то, что левая отталкивает, входит в рамки исправления. Это значит, что в мире существуют вещи, которые с самого начала приходят с намерением сбить человека с прямого пути и отбросить его от святости…» Это все было для меня открытием. Прорывом в новое, абсолютно незнакомое мне состояние. Это была разборка с собой. Я не слышал такого никогда от РАБАШа, а тем более от Гилеля. Как Ребе мог это скрыть от всех?!

/ «У НИХ НЕТ ЛЕВОЙ ЛИНИИ» /

Я читал весь день и практически всю ночь, приехал на утренний урок с «круглыми глазами», возбужденный.

РАБАШ сразу понял, в чем дело, но ничего не сказал. Я передал ему тетрадь, признался, что отснял ее, он промолчал. Я понял, что правильно сделал.

Но почему он передал ее именно мне? Совсем скоро мне стало ясно, почему.

Как-то, через несколько дней мы собирались ехать на море, я сидел, ждал РАБАШа и читал «Шамати».

Я уже не мог оторваться от этих записей. Использовал любое свободное время, чтобы окунуться в них. При этом, читая, не видел, не слышал ничего, – так они на меня действовали. Потому что я сразу ощутил, что все, что написано, – это написано обо мне, я сроднился с каждым словом, с каждой записанной строчкой.

И вот я жду Ребе, читаю и не замечаю, как подходит ко мне Гилель. Он стоит за спиной, видит почерк РАБАШа и замирает, пробегая глазами строчки.

Я обернулся, только когда услышал его голос. Он подзывал Менахема, старейшего ученика РАБАШа, который занимался еще у Бааль Сулама, он подозвал его и указал на тетрадку в моих руках.

Говорили они на идиш. Гилель сказал:

– Ты видел эти записи?

– Нет, но это почерк РАБАШа, – ответил Менахем.

– Вот именно, – ответил Гилель и спросил меня, – откуда у тебя книга?

Я наивно ответил:

– Ребе дал.

– А ну-ка, а ну-ка, – Гилель взял у меня тетрадь, и они вместе начали листать ее, обмениваясь быстрыми репликами на идиш.

Я уже не понимал, о чем они говорят...

Но они были возбуждены. Гилель даже изменился в лице, движения его стали нервными...

И вдруг, краем глаза, я замечаю, как быстро по лестнице спускается РАБАШ. И сразу же идет к нам. И сразу же прямо из рук у Гилеля берет тетрадку, не заговаривая с ними, подхватывает меня под руку и ведет на улицу. Как только мы вышли, он повернулся ко мне и резко спросил: «Зачем ты им показываешь?! Кто тебя просил им показывать?!»

И это он говорит о тех, кто с ним еще у Бааль Сулама учился!

А я ему отвечаю смущенно:

– Гилель сам взял. Увидел Ваш почерк и взял.

– Запомни, я дал ее только тебе, – жестко сказал РАБАШ. – А это значит, держи у себя, спрячь ее и никому не показывай!

– Я не знал, – говорю.

А у самого вдруг такая гордыня поднимается, еще бы, он дал ее только мне! Не им, а мне!

Но все-таки мучает меня любопытство, и я не сдерживаюсь и спрашиваю:

– А почему им нельзя показывать?

– Потому что у них нет левой линии, – отвечает РАБАШ. – А значит, эти статьи не для них.

И снова я возбудился от его ответа, потому что логически понял, что эти записи для таких, как я, поэтому РАБАШ и передал их мне. А это значит, что Бааль Сулам и направлял их к таким, как я… Что же такого в нас, другого?! Во мне?! Что?

/ НЕ УСЛЫШАТ ОНИ! /

Прошло несколько месяцев, пока я понял, что значит, что «у них нет левой линии», как сказал РАБАШ. Понял, почему он показал эти статьи мне, не верящему ни во что, с массой вопросов, с постоянным недовольством собой и Творцом.

Для меня вдруг проявились с особой ясностью (я этого не видел раньше), вот эти строчки из первой статьи «Нет никого, кроме Него»:

«...И только тому, кто действительно хочет приблизиться к Творцу, дают помощь свыше, не позволяя удовлетвориться малым и остаться на ступени маленького, неразумного ребенка, чтобы не было у него возможности сказать, что, слава Богу, есть у него Тора и заповеди, и добрые дела – так чего еще ему не хватает? И только, если на самом деле есть у человека истинное желание, такой человек получает помощь свыше и всегда показывают ему, насколько он плох в нынешнем состоянии, то есть посылают ему мысли и рассуждения, направленные против духовной работы. А все для того, чтобы он увидел, что нет у него полноты единения с Творцом».

Я читал это и с каждой строчкой, с каждым словом раскрывал высоту РАБАШа, который – единственный! – записывал за Бааль Суламом это «Услышанное». И ведь никто, кроме него, это не делал! Какую же силу надо было иметь, духовную, внутреннюю, чтобы слышать отца, все прочувствовать, запомнить (ведь он не давал ничего записывать на уроке), а потом выйти и слово в слово занести в тетрадку. А бывало, что приходилось записывать не десяток слов, не сотню, а тысячу.

А то, что он действительно запоминал слово в слово, в этом у меня нет никаких сомнений.

Потому что они были близки не только как отец и сын, но и как две ступени духовной лестницы, – один передавал другому то, что никто из других учеников не слышал. И не мог услышать. Потому что у них не было, как говорит РАБАШ, левой линии – сомнений у них не было. Потому что на вопрос «Есть ли у меня любовь к Творцу, или нет?», они, не сомневаясь, отвечали: «Есть, конечно же!..»

РАБАШ говорил о таких, что они на 100% находятся в любви к себе, и все же говорят о любви к Творцу. И, значит, нечего им исправлять. Нет у них левой линии. Не для них говорил Бааль Сулам, и не для них «Услышанное». Не услышат они.

/МОЛИТВА /

«А если нет левой линии, то и не может быть настоящей молитвы, – так говорил РАБАШ. – Средняя линия не рождается из простого сложения левой и правой. Тут нужен высший свет. Он приходит в ответ на молитву».

Вот и получается, что каждая статья в «Услышанном» – это молитва.

Поэтому РАБАШ никогда не расставался со своей синей тетрадкой. Всегда она была с нами во всех поездках. Всегда лежала на столике возле его кровати. И так часто я видел, как он подхватывал ее, открывал там, где откроется, читал несколько строчек и замирал, словно прислушивался.

Она была частью его самого. Его сердцем, его душой. Она была неразрывной связью с отцом, а значит, и со всей цепочкой великих каббалистов.

И поэтому, когда поздним вечером 1991 года, в больнице, он протянул мне ее со словами: «Возьми ее себе и занимайся по ней», – я понял, что приближается что-то ужасное.

Он расставался с ней, он передавал ее мне, он уходил.

/ВОЛШЕБНАЯ КНИГА /

Перескочу через годы и все-таки завершу рассказ об «Услышанном». РАБАШ скончался, тетрадь осталась у меня, и меня охватил страх – как такое возможно, чтобы это бесценное сокровище, настолько важное миру, осталось в тайне?!

Я мучился сомнениями, пока не решил, что не могу прятать ее – мир должен начать меняться!

РАБАШ так хотел, чтобы наука каббала раскрылась миру, чтобы люди начали изучать ее по статьям Бааль Сулама. Поэтому я решился и напечатал ее, не изменив ни буквы.

Эти статьи – свет без кли[28]. Это раскрытия и постижения, сделанные Бааль Суламом, и читатель все время видит эти статьи по-новому, иначе.

Каждый раз человеку кажется, что это не та статья, которую он читал прежде. Она пробуждает его, изменяет, вдруг раскрывает в нем какие-то новые пласты, и он начинает чувствовать и

---

[28] Кли («сосуд») – это исправленные, пригодные для получения света, желания, то есть обладающие экраном (силой сопротивления эгоизму), трансформирующим эгоизм в альтруизм.

думать по-новому – и в разуме, и в сердце. Он становится совершенно другим человеком. Это волшебная книга привлекает высший свет, под которым человек и меняется. Книга меняет его. Строит душу для раскрытия духовного, в котором человек начинает ощущать высшую реальность.

/ ЭТО ВСЕ ОБО МНЕ /

Вот так и я, подобно РАБАШу, приник к этой книге, как к источнику жизни. Я именно так ее и почувствовал – источник жизни!

Ждал минуты, когда смогу к ней вернуться. Понимал, что только она готовит меня и ко сну, и к утреннему уроку. Просыпался в два ночи, нащупывал ее на прикроватном столике, пробегал глазами несколько строчек, затем вставал, делал все утренние дела, а она уже жила во мне, тревожила, поднимала вопросы, но и утверждала: «Нет никого, кроме Него»... – и с этим я садился ее читать.

Закуривал на кухне, готовил кофе, еще был час до утреннего урока – это был час «Шамати».

И читал: «Есть три условия молитвы:

1. Верить, что Творец может спасти человека, несмотря на то, что есть в нем наихудшие свойства, привычки и обстоятельства, чем у любого в его поколении...

2. Все, что мог сделать, сделал, а спасение так и не пришло.

3. Если Творец не спасет, лучше смерть, чем такая жизнь»[29].

За окном ночь. В доме тишина. Едва слышно тикают часы. Я шепчу строки из «Шамати» и просто ощущаю, как они входят в меня: «Молитва исходит из ощущения утраты в сердце: чем больше ощущение отсутствия желаемого, тем сильнее его молитва. Ведь тоскующий по излишествам отличается от приговоренного к смерти, ожидающего приведения приговора в исполнение и уже закованному в цепи, каждое мгновение которого – это молитва о спасении. И не заснет он и не задремлет, а неустанно молит

---

[29] «Шамати» (Услышанное), 2012 год, статья 209, стр. 549, «Три условия молитвы».

о спасении своей души». Сколько же силы в этих строчках! Сколько боли и желания?! Я так хотел, чтобы эта молитва о спасении стала бы и моей молитвой!

Помню, когда я уже переехал в Бней Брак, РАБАШ прогуливался по улице и увидел свет в моем окне. Он подождал, пока я выйду из дома, взял меня под руку и спросил: «Почему ты встаешь так рано?» Я ответил: «Готовлюсь к уроку, читаю "Шамати"».

Я помню, как он посмотрел на меня. Помню, как мы молча шли по ночному Бней-Браку, как он сжал мою руку, словно заключал со мной союз.

Никогда этого не забуду, по сей день ощущаю это его благословение.

Именно с этого момента еще одна преграда была снята между нами. Нас сблизило «Шамати».

РАБАШ почувствовал, что эти его записи так же важны мне, как и ему, что всю свою работу я строю по ним, что не нужна мне другая жизнь, а только эта, такая, рядом с ним…

И он стал относиться ко мне не только, как к ученику, но и как к товарищу, как к сыну. Не раз он говорил мне: «Мы с тобой товарищи. Двое – это много, мы – уже группа».

Но с каждым годом я узнаю все больше о том, что же обо мне думал РАБАШ...

/ ВОТ, ЧТО Я УЗНАЮ О СЕБЕ … /

Как-то, несколько лет назад, мы с моим учеником Дороном Гольдиным, приехали на шиву[30] к близкому моему другу Джереми Лангфорду, с которым мы вместе учились у РАБАШа. Это была шива по поводу смерти его жены Яэль, которую я прекрасно знал. Там я встретил Шимона Итаха – брата Яэли. Он был в нашей группе, пожалуй, самым молодым, 20-летним парнем.

И вот мы сидим, разговариваем и вдруг Итах говорит:

– А знаешь, я помню один случай, я тебе о нем не рассказывал. Ты как-то поругался с РАБАШем и не поехал с ним на море.

– Да, действительно, была пара таких случаев в жизни, – говорю я.

---

[30] Шива – траурная церемония, длящаяся семь дней. В ней участвуют ближайшие родственники покойного: отец, мать, брат, сестра, сын, дочь, жена, муж.

– Так вот, я поехал вместо тебя, – продолжает Итах. – И помню, мы с РАБАШем стоим на берегу перед тем как войти в воду, и я его спрашиваю: «Ребе, а зачем Вам нужен Михаэль? Оставьте Вы его. Почему Вы все время вместе с ним?» И знаешь, что он мне ответил?.. Он ответил: «Потому что у Михаэля особая душа. Потому что в нем очень сильная точка истины. Поэтому я с ним занимаюсь.»

Я сидел, молчал, я не знал, что ответить. Я вдруг ощутил, как будто бы сижу напротив РАБАШа, как будто бы, вот он, передо мной, и я, как всегда пытаюсь уловить каждое его слово. И понимаю, что РАБАШ говорил не о какой-то моей большой душе, нет, а о том, что меня все время жгло изнутри стремление к раскрытию Истины, боль, что я еще не раскрыл ее. И все, что от меня требовалось, и я это понимал прекрасно, это держаться сердцем, именно сердцем! за этого великого каббалиста, и благодарить судьбу, Творца, за то, что выпал мне этот счастливый билет, это великое счастье, – быть рядом с РАБАШем. И я не устану это повторять никогда.

/ МЫ – ГРУППА /

То, что я постоянно был при РАБАШе, не могло не сказаться на отношениях с товарищами. Им было не просто принять это. Говорил об этом с Учителем, у него на это был свой взгляд. Он отвечал мне односложно: – Ты должен быть рядом.

И вот уже Песах, бескомпромиссный для него праздник, который он всегда проводил один, никого не подпускал к себе, и все это знали.

И вдруг он берет меня с собой на пустырь, чтобы сжечь квасное[31].

(Так будет происходить все последующие годы. Иногда его сын – Хезкель – будет присоединяться к нам, но чаще мы будем вдвоем).

Пылает огонь. Я замираю рядом с ним. Для меня это великая честь. С каким внутренним напряжением он делает каждое движение! В этом «простом» действии – сжигании квасного, которое для большинства только внешнее, – для него это сжигание всего своего эго, всей жизни, не направленной на Творца. А сам «Песах» – отрыв от земли, уход в высшее измерение, еще одна духовная ступень, на которую он поднимается и которую осваивает в жестокой борьбе с собой.

---

[31] Найденное после уборки квасное принято сжигать. «Сжигание квасного» символизирует решение человека полностью избавиться от своего эгоизма и постичь Высший мир. Человек «сжигает» свои эгоистические желания, обращая их в прах, чтобы они не пробудились в нем снова.

Я молчу, боясь помешать ему, не дышу. Но меня разрывает один и тот же вопрос. И я задаю его, как только все заканчивается. Я не могу удержаться: «Ну, когда уже я достигну этого на практике?! Когда не просто сожгу кусок хлеба, а смогу избавиться от этого моего врага, от гордыни, самолюбия, от эго?! Когда?!»

На этот мой крик души РАБАШ не отвечает. Смотрит на меня почти с усмешкой, и это вызывает бурю негодования во мне! Как же так, я почти плачу, я искренне, из сердца взываю к нему, а он…

Пройдет совсем немного времени, и я пойму, – он, как всегда, прав. Пойму, что в этот момент он думает именно обо мне. И хочет, чтобы этот крик мой стал молитвой.

/ ПЕСАХ ПО РАБАШУ /

А потом РАБАШ пригласил меня на обед. И я воочию увидел, что такое Песах по Бааль Суламу и РАБАШу, – это было что-то неподдающееся логике. Кастрюли, тарелки, стаканы, ложки, вилки – все было или новое, или использовалось только один раз, откладывалось в сторону и мылось уже после Песаха. Краны, мясорубки, все предметы из железа, заменялись.

Еда была очень простая и ограниченная. Соль – только привезенная с Мертвого моря и именно из того места, откуда привозилась и Бааль Суламу. И никакого пластика, а он уже тогда вовсю использовался.

В Песах РАБАШ был «неприкасаем». Вокруг себя образовывал запретную зону, как минное поле, через которое никто не мог пройти. Я сидел напротив и боялся сделать одно неверное движение. Ел осторожно, как птица, держа руки навесу, едва дотрагивался вилкой до пищи. Вот такая атмосфера была в комнате.

Конечно же, не давала покоя мысль: «Неужели так важно это внешнее выполнение праздника? Зачем вкладывать столько сил и денег во все это? И, самое главное, зачем это каббалисту, который презирает все внешнее?..»

Я был молод, эгоистичен, все вызывало во мне внутреннее сопротивление. Но именно поэтому ответ, который я получил, меня убедил: когда ты выполняешь все эти действия, то ощущаешь, насколько они против твоего эгоизма. Это я почувствовал, и еще как! А Песах – он олицетворяет подъем над эгоизмом, с этого начинается духовное восхождение. Когда в каждом своем действии ты выполняешь одну простую операцию: отделяешь эгоизм от себя, отрываешь его с мясом.

Уже в который раз я понял, что мне во всем надо идти за РАБАШем. Так же, как и он, над всей земной логикой, выполнять эти нелогичные действия, все время, пытаясь, как он, накладывать на них духовное намерение.

/КОФЕЙНОЕ ЗЕРНЫШКО /

Ты в этом своем решении держишься какое-то время, промываешь себя мыслями о том, что все в нашем мире – ветви духовных корней, но они уже относятся к эгоистическому желанию. Поэтому их надо полностью отрубить в Песах... И «отрубаешь» – сидишь, перебираешь кофейные зернышки, кофе мы покупали зеленый, сначала сортировали его, смотрели, чтобы не было никаких изъянов, жучков, только потом обжаривали, мололи и после этого употребляли.

И вот, сортируешь эти зернышки, сортируешь... и вдруг понимаешь, что больше не можешь.

Помню, во время этой сортировки я и «сломался». Отвалился на спинку стула, с ненавистью смотрел на гору еще не проверенных зерен, курил одну за одной сигареты и думал: «Ну, это бред какой-то, бред!..»

И тут подошел РАБАШ, сел напротив меня, взял в руку одно зернышко, поднял его на уровень глаз и сказал: «Я сижу и проверяю зерна, вот эти маленькие зернышки кофе. Я проверяю их очень тщательно, очень!.. Я хочу, чтобы они были чистыми и хорошими, чтобы кофе, который получится из них, могли выпить мои товарищи, – отложил зернышко в сторону, взял другое. – А это зернышко я проверяю для моего учителя, – сказал и посмотрел на меня. – Мой учитель очень любит кофе. Это я делаю для него».

Это было очень жесткое учение, очень! Что я почувствовал? Стыд. У меня все горело внутри! А РАБАШ встал и отошел.

Я прильнул к зернам. Слова РАБАШа звучали во мне, каждое слово.

Но длилось это всего несколько минут.

Прошло потрясение, и я снова не мог заставить себя продолжать!

Я почувствовал неземные препятствия.

Скажи мне прежнему, когда я только приехал в страну: «Перебирай кофе, и ты получишь за это деньги», – я бы согласился и делал бы это правильно и хорошо.

А здесь – чтобы услужить Учителю, которого я считаю великим, самым великим!.. Я сижу и не могу сдвинуться с места.

И понимаю, что тут включаются уже не земные помехи.

/КАК ТЯЖЕЛО МНЕ БЫЛО! /

Быть рядом с каббалистом очень тяжело.

Быть и учеником, и помощником, и учиться у него, и заботиться о нем… иногда невозможно тяжело.

Ты рядом с ним везде, ты видишь его во всех проявлениях, и вот уже земная картина затушевывает его величие, и тебе кажется, что это обычный человек со своими требованиями, слабостями и привычками, как у всех.

И тебя просто убивает, не дает покоя мысль, — чем же он отличается от других? Я помню, сколько усилий мне иногда требовалось, чтобы выстоять и понять, что передо мной величайший каббалист, «последний из могикан», что таких больше не будет.

РАБАШ был невероятно прост и открыт во всей своей материальной жизни.

Он не оставлял людям, находящимся рядом с ним, никакой возможности оказывать ему уважение. Он не играл в АДМОРа[32], который должен привлекать к себе и вести за собой большое общество, ведь общество обязано ценить и уважать таких людей, целовать им руки, называть большими Равами. РАБАШ ненавидел это. Он вел себя как раз наоборот.

---

[32] АДМОР — так называется духовный вождь у хасидов. Аббревиатура слов адонену морену ве-раббену: господин, учитель и наставник наш.

/ «НИЧТОЖНОСТЬ» КАББАЛИСТА /

Он как каббалист чувствовал собственную ничтожность: «Кто я такой, и что у меня есть?», – вот, что он показывал другим.

Он оценивал себя относительно Творца, поэтому его собственное ощущение было такое: «Я – ничто, прах и пепел». И это передавалось тому, кто находился рядом с ним.

Он делал это ненамеренно. Ненамеренно выстраивал эту внешнюю простоту. Он действительно ощущает себя так. В постоянном контакте с могучей управляющей силой (он называл это «стоять напротив Творца») он раскрывал совершенство и вечность. И в этом сравнении не мог не чувствовать себя ничтожным.

Когда я спрашивал его об этом, он говорил: «Теперь представь себе, насколько трудно мне было рядом с отцом….

Ведь это отец. Здесь у тебя, по крайней мере, есть кто-то чужой. С чужим ты можешь постараться наладить особые отношения, а отец есть отец.

Ты чувствуешь, что он любит тебя, и эта абсолютная любовь отца к сыну отнимает у тебя последнюю возможность сделать что-то. Ведь ты можешь ничего не делать – и он все равно любит тебя. Тем самым он будто лишает тебя обязанности по-особому относиться к нему.»

/ОН ЗАБИРАЕТ У МЕНЯ СИЛЫ /

РАБАШ постоянно сбрасывал меня с рук. «Забирал» у меня силы по-особому относиться к нему. С одной стороны, он приблизил меня к себе, как высший приближает низшего, начал заботиться как о младенце, растить меня, а с другой стороны, он проводил меня через состояния, которые тогда казались мне жестокими. Я не понимал этого, внутренне восставал против него, а он смотрел на меня и говорил: «Я понимаю, что все твои несчастья в жизни происходят из-за меня».

Как потом рассказала рабанит Фейга[33], он говорил ей, что знает обо мне все наперед, знает, что не успокоюсь и выведу каббалу из нашей учебной комнаты в мир.

---

[33] Фейга Ашлаг – врач по специальности, несколько лет ухаживала за парализованной женой РАБАШа. Была его преданной ученицей. Впоследствии стала второй женой РАБАШа.

Он этого хотел. Он для этого растил меня.

Поэтому и учил ходить, не давая пользоваться его силой, его величием. Показывая свою малость, вызывая даже пренебрежение. И все это для того, чтобы направить меня к Творцу. Чтобы от Него я потребовал силы.

/ПОЧЕМУ НЕ ПРОСИЛ?!/

Я помню, как-то были мы с ним в лесу Бен Шемен, и я был на что-то очень зол, да на все на свете! И начал выговариваться, не сдерживая себя, что все вокруг плохо, и все плохие, и я не продвигаюсь, и все силы растрачиваются впустую...

РАБАШ не перебивал, смотрел на меня, слушал, а когда я остановился, он вдруг сказал: «А почему ты не просил?»

Он меня ошарашил. Я вдруг понял, что был полон этой злости, и я не просил, а требовал, чтобы все вокруг меня изменилось. Все, но только не я.

«Почему не просил?» – это был для него такой естественный вопрос. Почему человек не просит исправления? Не всех вокруг, а себя? Своего эгоизма, который его съедает? Кричит, возмущается... и не просит. И не понимает, что именно в этом все дело. В том, чтобы почувствовать, что враг – в тебе, и только с ним ты должен вести борьбу. И в то же время, что «нет никого, кроме Него», и только обращение к Творцу действенно. Но обращение должно быть из сердца, не по написанному, не молитвой, заученной по книжке, нет, а из разбитого сердца.

Я видел, как это делал РАБАШ. Он делал это все время.

/РАБАШ И КОЦК/

И поэтому я нисколько не сомневался, что РАБАШ говорит искренне, о том, что если бы родился раньше, то ушел бы в Коцк, к Раби Менахему Менделю[34].

Эта каббалистическая группа подходила ему. Его жесткому характеру, огромному сердцу, огромному экрану. Он бы вписался в эту группу, как никто другой. Живущий только во имя Цели, измеряющий себя только относительно Ее.

Коцк был для него. Отчаянная каббалистическая группа, в которой собрались те, кто хотел «взять Творца штурмом». Живущие впроголодь, коммуной. Каждый день проживающие, как последний. Относящиеся друг к другу жестко, нарочито показывая свое, якобы, легкомыслие, пренебрежение к духовному, чтобы дать возможность для большей работы. Таких он искал – отчаянных.

---

[34] Коцк (польск. Kock) – город в Польше, входит в Люблинское воеводство. В городе с 1829 г. действовала знаменитая хасидская каббалистическая группа, во главе которой стоял р. Менахем-Мендель из Коцка.

Подходило РАБАШу и утверждение их учителя Раби Менахема Менделя: «Нет ничего более цельного, чем разбитое сердце, нет более пронзительного крика, чем молчание».

Так хотел жить и РАБАШ. Так и жил.

Но, бывало, наступала тишина…

/ТИШИНА /

Вдруг РАБАШ отключался.

Я смотрел со стороны и не понимал, как возможна такая «отключка»? Только что бежал, атаковал, не жалел себя – и вдруг тишина. Вдруг он никто и ничто.

Заканчивался какой-то период в развитии, и он замирал. Не хотел ничего ни читать, ни слышать, ни видеть… Это могло продолжаться несколько часов.

Я помню, как-то приехал к РАБАШу и вижу, сидит верхом на стуле, спиной к солнцу, замерший такой. Я даже испугался, осторожно подошел к нему, он поднял на меня глаза и сказал: «Ну, возьми стул». Я взял стул. «Садись», – я сел так же, как и он. «Посидим», – говорит он.

Сидим. Десять минут, пятнадцать. Он молчит, я молчу. Думаю: «Дальше что?» Но никаких вопросов не задаю.

Спасало нас то, что мы курили. Закурил – уже ощущается все немножко по-другому, играешь сигаретой, начинаешь вдыхать-выдыхать. Вот так мы сидели, курили и молчали, может быть час.

Я понял, в таких состояниях главное переждать, притаиться.

Я наблюдал, как это делает РАБАШ. Ведь мы имеем дело не с телом и не с человеком, а с желанием. Оно должно отработать себя до самой своей глубины, на всю свою высоту. И тогда ты доходишь до состояния, когда находишься на уровне неживой материи, сливаешься с землей, с камнем, распластан, пуст. Пережидаешь, притаился… Пока, как росток из камня, не прорывается новое желание. И ты снова можешь вздохнуть, встать и продолжить атаку на Творца.

Вот так мы курили, прикуривая одну сигарету от другой. А потом он протянул руку к тумбочке, достал свою синюю тетрадь, раскрыл наугад и прочитал: «Не имеет человек права освободить себя от этой работы, а обязан достичь такого собственного требования и стремления к "лишма"[35], которое бы стало молитвой, ведь без молитвы невозможно этого достичь».

---

[35] «Лишма – это намерение ради Творца…» «Шамати» (Услышанное), 2012 год, статья 20, стр. 104, «Лишма».

/ПЕРЕД ПРОРЫВОМ /

И сейчас я расскажу, может быть, о главном событии в жизни РАБАШа.

Я был с ним уже около двух лет. Вдруг ясно почувствовал, что он загрустил. Группа наша была маленькая, шесть стариков и несколько молодых… Мы как бы варились в своем соку, нужен был приток новой крови. Но никто не приходил.

Не раз он рассказывал мне, что Бааль Сулам был готов говорить с камнями, только бы его кто-то слушал. И вот прошли годы, РАБАШ продолжил его дело, и что же?! Те же шесть пожилых учеников и несколько нас, молодых, в придачу. И все. Неужели так и будет?

Не дано каббалисту точно определить, когда придут учиться массы, и не старики, а молодежь. Каббалист определяет тенденцию. Он точно знает, что так будет, что каббала раскроется миру обязательно, но – когда?.. Возможно, очень нескоро, возможно, вообще не при его жизни…

Особенно в этот период я старался не оставлять его одного, потому что чувствовал, что нужен ему. Он не раз давал мне понять: «Мне важно знать, что ты рядом». Часто, во времена больших сборов, праздников, свадеб, когда вокруг него сидели сотни родственников, хасидов, я видел, как он искал меня взглядом, находил и успокаивался.

Я потом даже, как-то осмелился и спросил его, правильно ли мое ощущение, что он хочет увидеть, здесь я или нет?

Он ответил: «Да, мне важно увидеть тебя, – и сам же добавил, – со времени больницы мне важно, чтобы ты был рядом».

/ МЫ ЕЩЕ БЛИЖЕ /

Поэтому он и сказал мне: «Переезжай». До этого не разрешал. Я жил в Реховоте, мотался туда-сюда, в Бней-Брак и обратно. Часто оставался ночевать в учебном зале, ведь если вечером мы ехали на какую-то свадьбу или другое мероприятие и возвращались в 11 часов ночи, то до Реховота я мог добраться только к 12. А через два часа уже надо вставать, чтобы в три приехать на урок. Не было никакого смысла возвращаться домой, и потому я оставался спать на скамейке. Так проходили годы. И вот уже моя жена согласилась, видела, что я полдня провожу в дороге, что физически измотан, а РАБАШ все говорил: «Еще не время». Он хотел, чтобы я прикладывал усилия. Он сам в молодости тяжело работал на прокладке шоссейных дорог и строительстве зданий и при этом учился ночами. Всегда и во всем выкладывался до конца. Этого требовал и от меня.

Раньше не хотел, а тут согласился, сказал: «Пришло время».

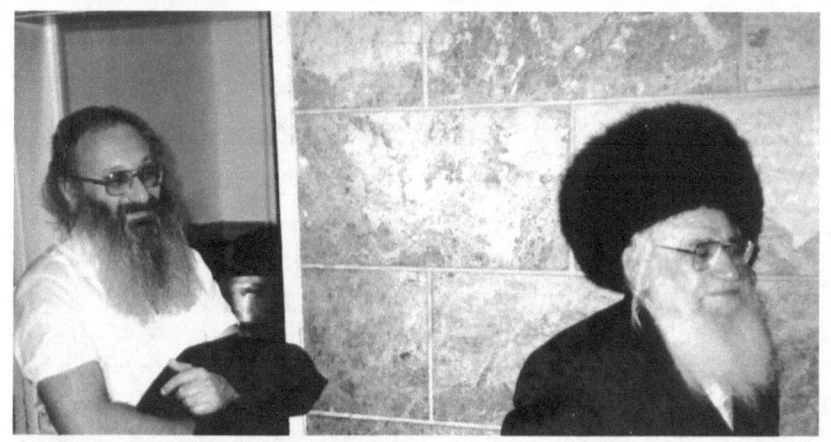

И не просто согласился, а сам же нашел мне квартиру невдалеке от себя, на улице Рав Ами 5.

Я оставил свой прибыльный бизнес, отдал его полностью, чтобы никаких зацепок не оставалось, продал двухэтажную квартиру-пентхаус в Реховоте и переехал. Как сейчас помню это свое решение, – ничего прошлого с собой не брать, ничего, что могло бы отвлечь мои мысли от цели.

Я сжигал мосты, потому что понимал, – мне дан шанс, один единственный, и я не могу упустить его. Быть рядом с великим каббалистом, прилепиться к нему, жить его жизнью.

Никогда, ни секунды я не пожалел об этом решении. Ведь это позволило мне еще больше сблизиться с РАБАШем, такое ни за какие деньги не купишь. И машину я купил, чтобы была удобна ему: высокое сидение, место, куда положить книгу, поставить стакан.

Он знал, что это все для него… и понимал, почему я это делаю. Я хотел, чтобы из этого слияния с ним, хоть что-то могло по каплям просочиться ко мне, из его великой души – в мою, еще младенческую. Я так хотел научиться отдавать, как он, я завидовал ему, просил, умолял его помочь мне.

Не раз мне снилась эта картина: мы остаемся вместе с ним, вдвоем – во всей природе, в мирах, внутренне связанные, уединенные, отдаленные от всех…

Но я отвлекся, я хотел рассказать о том «неожиданном» событии, которое перевернуло нашу жизнь.

/МОЕ ПРЕДЛОЖЕНИЕ БЕРГУ /

Мне сообщают, что рав Берг приехал из Америки и хочет встретиться со мной у него в сукке, как раз наступал праздник Суккот.

Я Берга знал, взял у него даже несколько уроков до того, как пришел к РАБАШу.

Когда я с ним впервые встретился, он уже был «на излете». Все-таки, победило в нем желание сделать бизнес из каббалы. Это я понял уже на третьем уроке. Берг вдруг стал упоминать о «космических силах», о том, что такое правая рука человека, левая, как очищать их светом милосердия… Мистики я не искал и не терпел. Потусторонних сил тоже. Поэтому ушел.

Но расстались мы с Бергом друзьями, он даже приезжал ко мне в Реховот, мы вместе встречали шаббат. Он понял, что у меня совершенно другой подход к каббале, что я ищу в ней науку, а не мистику, и принял это с уважением.

И вот звонят от него, просят прийти, и я советуюсь с РАБАШем, идти, или нет. РАБАШ говорит: «А почему нет?» Я отвечаю: «Да, как-то это далеко от меня теперешнего». РАБАШ говорит: «Неудобно отказываться».

Как чувствует, что за этим что-то произойдет. И я иду.

Пришел к Бергу, мы начали разговаривать, я, конечно же, сразу рассказал ему, что учусь у старшего сына Бааль Сулама, у РАБАШа.

Как вспоминаю сейчас, была у меня мысль попытаться убедить Берга, я еще не совсем расстался с надеждой затронуть его «точку в сердце», ведь она у него явно была. Но не смог. Он никак не отреагировал. Сказал мне: «У нас своя методика, своя система». И тогда я вдруг предложил ему: «Но можно расширить эту систему.

Я могу рассказать твоим преподавателям, чему научился у РАБАШа. Например, могу прочитать им лекции по "Введению в науку каббала"». И это его заинтересовало. Он вдруг сказал: «А почему бы и нет».

Сегодня я уверен, Берг понимал, что именно этого им не хватает, он хотел, чтобы его преподаватели прочувствовали, что такое настоящая каббала, по Бааль Суламу.

/ РАБАШ ЗАГОРАЕТСЯ /

Когда я рассказал об этом РАБАШу, он разволновался.

Вот тут-то я еще раз увидел, что такое настоящий Ученик Бааль Сулама. Для них обоих любая возможность распространения науки, была праздником, высшим подарком, шансом, который дан с «небес», и его нельзя упускать. РАБАШ готов был пройтись со мной по всем урокам, ответить на любые вопросы. Он потом звонил мне туда, в центр Берга, посреди лекции, спрашивал: «Ну как? Как слушают? Понимают ли? Ты уже прошел с ними второе сокращение? Им все было понятно?»

Короче, я начал преподавать сразу после праздников, по утрам. Моими студентами были сами преподаватели этого «Института каббалы» Берга, человек 12-14. Троих из них я знал раньше, Джереми Лангфорта, Йоси Гимпеля и Шмуэля Коэна. Все они были молодые тридцатилетние парни, полные сил и желания.

Как я и обещал Бергу, сначала мы учили «Вступление в науку каббала», а потом, когда я увидел, что ребята серьезные, с тоской по истине, достал «Шамати», и мы заговорили «по душам».

И вдруг они загорелись. Они никогда такого не слышали. Первое время сидели молча, впитывали, потом начали задавать вопросы, и все по делу.

Сразу после лекций, я возвращался к РАБАШу и все ему рассказывал в мельчайших подробностях.

Как же он был рад, что каббала из нашей маленькой прокуренной комнаты выходит в люди! Нет, он не собирался никого переманивать, не строил «коварных» планов, не думал о том, что эти 25-30-летние парни вдруг оставят все и придут к нему учиться. Ему важно было, что слушают! Задают вопросы! Пытаются понять!

/ВОТ, КАК ПОЛУЧИЛОСЬ… /

Я преподавал в точности по РАБАШу. С каждым занятием для них открывалось что-то новое. И учеников становилось больше и больше. К концу их было уже около сорока. Для них исчезало все лишнее, наносное, и раскрывалась каббала, такая, какая она есть, без мистики, красных ниток, святой воды, космических сил. Раскрывалась им серьезная наука, они такой каббалы не знали. Поэтому-то и загрустили. Поняли, что не на то тратят жизнь.

Добило их 17-е письмо Бааль Сулама[36].

Оно начинается резко: «… Путь истины – это очень тонкая линия, по которой поднимаются, пока не достигают царского дворца. А каждый,

---

[36] Письмо Бааль Сулама от 1926 г, «Плоды мудрости. Письма».

кто начинает идти в начале линии, обязан очень остерегаться, чтобы не уклониться вправо или влево даже на толщину волоса. Потому что если в начале его погрешность с толщину волоса, и даже если далее идет по истинной прямой, все равно, ни в коем случае, не придет к царскому дворцу...»

Ребята они были с настоящим желанием, поэтому занервничали сразу. Поняли, какая глубина за каждым словом.

Я продолжал разбирать это письмо дальше. Разбирал каждую строчку. Видел, как они напряженно слушали, не пропуская ни слова. Конец письма я зачитал без всякого объяснения, оно уже было не нужно: «...Сказано: "Откройте мне отверстие с игольное ушко, а я открою вам огромные ворота". Отверстие игольного ушка предназначено только для работы. Стремящемуся только к познанию Творца, только ради работы, Творец раскрывает врата мира, как сказано: "И наполнится земля знанием Творца"».

Я закончил. Они молчат, вопросов не задают. Я попрощался с ними и ушел. А вечером ко мне домой приехал Джереми Лангфорт, первый из преподавателей Берга. Как оказалось, приехал на переговоры. Он спросил меня, примет ли его РАБАШ? Я говорю: «Почему тебя не принять. Ты женат, работаешь, уверен, что примет». Он говорит: «Ну, тогда я буду переходить к вам».

/ РЕВОЛЮЦИЯ /

Вот с Джереми и начался поэтапный переход к нам сначала всех преподавателей Берга, а затем и других учеников.

Я уже говорил, РАБАШ не преследовал такой цели – увести учеников у Берга, нет, но рассказать им, что же такое действительно наука каббала, он хотел. И направлял меня на это все время. А дальше уже получилось то, что получилось. Если по-настоящему рассказать, по правде, то ищущий человек не упустит возможности, он захочет раскрыть для себя каббалу. И честь, и хвала этим ребятам, что они оказались такими.

Почти каждый день происходил их переход к нам. Приоткрывалась дверь во время утреннего урока, меня кто-то вызывал на улицу, стояли там эти странные для Бней-Брака, длинноволосые, одетые по тель-авивской моде ребята и говорили: «Вот мы пришли. Можем ли мы начать здесь заниматься?» Я отвечал: «Сейчас узнаю».

Конечно же, РАБАШ принял всех. Их оказалось около сорока человек. Это была революция для нашей маленькой группы.

/ РЕВОЛЮЦИОНЕР /

Но главным революционером был, конечно, РАБАШ. Он был возбужден, воодушевлен, я не видел давно его в таком состоянии. Для него это было, как второе рождение, долгие годы он мечтал о том, что у него появятся молодые, 25-30-летние ученики. И вот они появились.

Только представьте себе, 77-летний РАБАШ, всю жизнь живший в Бней-Браке, в ортодоксальной еврейской общине со всеми ее запретами и ограничениями, не побоялся принять в ученики нерелигиозных, светских «безбожников», да еще из Тель-Авива, не посмотрел ни на что и ни на кого. Он не испугался «угроз» окружения, не «услышал», категорическое требование родных – «не принимать их!» Принял!

А сопротивление было огромное. Огромное! Родственники, знакомые, друзья требовали категорически не брать их. Не проходило дня, чтобы не появлялись «доброжелатели» (явно посланные кем-то!), которые просили РАБАШа пересмотреть свое решение. Не принимать этих людей ни под каким видом.

Бней-Брак не хотел их. Но РАБАШ не сдавался.

Он был человек огромной внутренней силы и для него, любой, пожелавший обучаться науке каббала, был выше всех остальных.

Я видел, как он «решался». Он не взвешивал, что ему за это будет, как посмотрят, что скажут. К нему шли молодые ученики, – это было главное!

РАБАШ действовал так, как не действовал ни один каббалист до него. Он шел на прорыв.

/В КАКОЕ ВРЕМЯ МЫ ЖИЛИ… /

А жили мы в непростое для каббалы время. Её, по-прежнему, не принимали. Верили всем слухам и мифам о ней. Боялись прикоснуться.

Некоторые, даже проходя мимо здания, в котором мы учились, закрывали лицо ладошкой, чтобы случайно не прочитать название «АРИ-Ашлаг».

Я уже не говорю о том, что никто, ни в одном месте, даже бесплатно, не хотел брать комплекты Книги Зоар с комментариями Бааль Сулама.

Помню, я загружал ими машину, и возил-возил по всем местам. Не хотели. Говорили: «У нас некуда их поставить». Я говорил им: «Так вот же, у вас пустые полки». Они отвечали: «Эти книги не могут стоять на виду у всех». А когда у меня их все-таки взяли в одном месте, я так обрадовался, будто получил подарок, о котором мечтал всю жизнь. Летел обратно к РАБАШу сообщить ему, что нужен кому-то Зоар! Но не успел даже сесть в машину, хозяин выскочил на улицу с моей пачкой книг и сказал, что передумал, чтобы я их забирал обратно.

Вот такое было время! Это сегодня каббала – на каждом шагу, разложены километры материалов в интернете. А раньше шарахались даже от этого слова.

Я помню, еще до прихода к РАБАШу в 1977-1978 годах я специально ездил в Иерусалим в единственный маленький магазинчик, находившийся в подвале, на «Кикар Шаббат»[37] в

---

[37] «Кикар Шаббат» – (Площадь Субботы).

Иерусалиме. Там продавались книги по каббале. Старик-хозяин просил за книги очень дорого. По 100, 150 долларов за том, в то время как любые другие можно было купить за 3-4 доллара. «Древо жизни» АРИ я купил у него за 300. При этом, на мой вопрос «Почему так дорого?», он отвечал мне честно, что эти книги никто не покупает, боятся, поэтому он не сможет заказать партию книг и вынужден продавать их поштучно. Поэтому и берет за одну книгу, как за десять.

Отношение к каббале не изменялось долго. Вспоминаю, я уже три года учился у РАБАШа, мне нужно было сделать копию ключа, и я заскочил в лавку точильщика в Бней-Браке. Протягиваю хозяину свой ключ и вдруг вижу, как меняется его лицо.

Он бледнеет просто на глазах, отскакивает от меня, вытягивает вперед руки и весь дрожит. Я не понимаю, что происходит, а он лепечет: «Пожалуйста, пожалуйста, уберите эту… вещь!» И указывает на книгу, которую я держал в руках и машинально положил на прилавок. Это было «Древо жизни» АРИ.

Я сразу же понял причину испуга, подхватил книгу, извинился и даже вышел из магазина, чтобы не волновать его. Кстати, ключ он мне сделал стремительно.

Вот такое было время всего каких-то 40 лет назад.

В такое время преподавал РАБАШ, в такое время я и привел к нему 40 молодых учеников.

/НИКАКИХ КОМПРОМИССОВ /

Он очень хотел, чтобы они остались, мечтал об этом! Но ни на какие компромиссы идти не собирался. Потому что они касались их духовной работы.

Сразу же попросил объявить им о десятине[38].

Я занервничал, попытался убедить его, сказал: «Ребе, на второй день говорить о десятине

---

[38] Десятина (מַעֲשֵׂר, маасер) – отчисление от урожая, скота и др. установленное в Торе для храмовых и других нужд. В каббале – это малхут, десятая часть души, которая не может исправиться, и поэтому мы с ней сами не работаем, а просто отдаем. Отдаем десятину от своего дохода.

нерелигиозному тель-авивскому парню – это равносильно, что сказать ему: "Уходи!"»

Но РАБАШ был непреклонен, потребовал объявить им об этом.

Ему не нужны были их деньги, просто он не мог представить себе, как можно заниматься каббалой, не отделяя десятины. Для него это была часть души, которую исправить невозможно. Так как же можно не отделять ее?!

Я с дрожью в ногах, объявил им: «Ребята, эта традиция идет еще с древних времен. Кто действительно пришел, чтобы духовно развиваться, должен пойти на это». Я ожидал всего, но не такого общего спокойного согласия. Это уже в который раз показало мне, – надо забыть о земной логике и разуме, когда речь идет о духовном. Они явно почувствовали, где находятся, и кто перед ними. Поэтому ни секунды не сопротивлялись.

Но РАБАШ готовил для них еще не одно испытание.

Он сказал мне: «Холостякам я преподавать не могу». И тут я снова, уже в который раз, «провалил экзамен». Подумал, что этого уж точно не произойдет. Чтобы молодой тель-авивский парень захотел потерять свободу, такого не может быть!

Понятно, что для РАБАШа это было еще одно необходимое условие продвижения ученика – быть накрепко связанным с «землей». А значит, работать, быть женатым, иметь детей… Бааль

Сулам не впускал РАБАШа на уроки, пока тот не женился.

Я все это знал, но думал, что время сейчас другое и души другие, – низкие души спустились в мир. Я был уверен, что на «жениться», они точно не согласятся. Объявляю им. Они слушают. И соглашаются.

И с этого момента мы начинаем играть свадьбы.

Одну за одной! Был такой период, когда по две свадьбы в неделю играли. Так и переженили всех. А когда они, в уважение традиций Бней-Брака, еще и оделись «по-местному», тут-то я уж понял, – пришли новые времена.

/ ДЕСЯТКИ /

И действительно, закипела жизнь.

Этот молодой «хисарон»[39] – он требовал наполнения. Новые ученики жадно впитывали все, что объяснял РАБАШ на уроках,

---

[39] Хисарон – исходящее из сердца требование о наполнении недостатка (отсутствия) желаемого. Дефицит единства, отсутствие чувства слияния всех противоположностей и их взаимной поддержки.

вгрызались в книги, перед ними раскрывалась истинная наука.

РАБАШ распределил их по группам. Я помню, он просил меня зачитывать их имена, что-то рассказывать о каждом, какого он характера, давно ли занимается. В этом не было никакой формальности, в любом его решении был глубокий смысл.

Он распределил их в три группы, так называемые «десятки», но по 15-16 человек. (Мне он определил десятку, в которой было 6 человек, так он решил). В каждой – был свой староста. Кроме того, РАБАШ был инициатором, чтобы начались регулярные собрания товарищей, все готовились к ним очень тщательно.

/ ЭТО ЖИЛО В НЕМ /

И вот как-то утром гуляем мы с ним по парку. И РАБАШ говорит мне:

– Надо тебе поговорить с ними перед собранием товарищей. Расскажи им, что такое собрание товарищей, для чего оно, почему мы его проводим, как надо организовываться вместе.

Я говорю:

– А я не знаю, как организовываться. Я разве этому обучался? Мы с вами вместе ездим в парк, разговариваем. О личной духовной работе я еще могу говорить что-то, о том, что прошел, слышал от Вас, но, как организовывать духовную группу, этого я не знаю. Я боюсь, чтобы не было пустой болтовни.

И он вдруг задумался. И тогда я добавляю:

– Может, Вы напишете?! И я буду говорить по написанному Вами?

Откуда ко мне пришла эта счастливая мысль?! Понятно, откуда! И как вовремя! Я помню, он на меня так посмотрел… Мы как раз стояли рядом со скамейкой в парке «Ганей Ешуа[40]» – я даже сегодня найду ее с закрытыми глазами. И вот он сел на эту скамеечку, достал ручку – кроме того, у него был всегда с собой свой блокнотик маленький, за пол шекеля, в него он записывал, какие покупки надо сделать – достал ручку,

---

[40] Парк вдоль реки Яркон в северной части Тель-Авива.

блокнотик… вертит его в руках – маленький блокнотик, что в него запишешь?!

И тут я понял, это судьба. Упускать этот случай нельзя. Я вытащил пачку сигарет, развернул ее, вытащил оберточную бумагу, перевернул ее белой стороной вверх, подложил под нее книгу «Врата намерения» и подал это РАБАШу.

Я помню все досконально, в мельчайших деталях, именно потому, что это самые важные моменты моей жизни. И не только моей. Я сказал бы, что с этого момента начинается новый отсчет времени.

Помню, РАБАШ задумался, буквально на мгновение. И вдруг написал: «Мы собрались здесь, чтобы заложить основу построения группы, объединяющей всех тех, кто желает идти путем Бааль Сулама. Чтобы подняться на ступень человека…»

Он писал, не останавливаясь, а я заглядывал ему через плечо и читал-читал… И сами по себе выстраивались во мне вопросы, которые потом мы так бурно обсуждали перед собранием товарищей: что значит «собраться», что такое «методика Бааль Сулама», что означает «ступень человека»?..

А он продолжал писать: «…Поэтому мы собираемся здесь, чтобы основать группу, чтобы каждый из нас следовал духу отдачи Творцу».

/ВЗРЫВ ЭТОТ ГОТОВИЛСЯ /

Первые статьи РАБАШа о группе рождались на оберточной бумаге…

Они жили в нем и только ждали случая, чтобы выплеснуться наружу.

Долгие годы РАБАШ преподавал в маленькой комнате на краю Бней-Брака, и все это время он хранил в себе эти сокровища, готовил эти статьи мысленно, но не писал до времени. И вот пришло время им проявиться, и так получилось, что я невольно стал свидетелем и инициатором этого, но то, что действительно поразило меня, что это были статьи о группе!

Я все думал, откуда в человеке, у которого практически не было группы, такое острое ощущение ее необходимости?! Уверенности, что только она может вывести человека на связь с Творцом?

Как можно было разглядеть в «Учении десяти сфирот» за схемами, расчетами, мирами такую важность группы, товарищей?! Нет, я не ожидал этого никак. А РАБАШ настаивал:

«...Как же человек может получить это новое свойство – желание отдавать?.. Ведь это противоречит природе человека... Существует лишь один выход – собраться нескольким людям, у которых есть маленькая возможность выйти из-под власти эгоизма, собраться вместе, в одну группу, с условием, что каждый из них должен думать о том, как подняться над своим эгоизмом...»[41]

Сегодня я понимаю, что «взрыв» этот готовился не только всей его предыдущей жизнью, но и в течение всех наших прогулок, разговоров, выяснений, вопросов, которые он вызывал во мне, состояний, которые я проходил и которыми делился с ним. Спрашивал его, что это со мной, как я должен поступить, как к этому относиться? И он отвечал.

Часто, когда я перечитываю эти статьи сам или со своими учениками, вдруг вижу ситуацию, которая зародила эту статью, или слышу наш

---

[41] РАБАШ «Любовь товарищей (2)» 1984 год.

с ним разговор в парке, когда мы говорили именно об этом.

А вот я делюсь с РАБАШем тем, что почувствовал на уроке или тем, что произошло в группе. «Что делать? Как быть?» – спрашиваю.

И он объясняет мне. И вот они, его объяснения, я вижу их в статье.

Иногда мне говорят мои ученики: «Вот, если бы тогда было видео, насколько богаче мы бы были сегодня».

Нет, РАБАШ не согласился бы сниматься. Видео – это было не для него. А вот статьи, книги – это был мир знакомый, очень привычный.

Отец писал всю жизнь, великие каббалисты всех поколений оставили свои записи, книги. РАБАШ ощущал высокие духовные корни написанного.

Кто, как не он, знал, что такое буквы. Именно написанные. Сочетание векторов и сил. Комбинации светов. Буквы звучали в нем, соединялись в слова, и он выдавал нам в своих статьях бесценную информацию.

Сказано: «Творец создал мир буквами». РАБАШ создавал мир так же, как Творец, вдыхая во все им написанное огромное свое желание – привести мир к отдаче, к Творцу.

/И НАЧАЛОСЬ!.. /

В начале следующей недели я у него попросил статью на очередное «собрание товарищей». Уже был умнее, припас пачку бумаги. И он не сопротивлялся. Он хотел писать.

Каждую неделю он выдавал статью.

Первое время что-то обсуждал со мной, а потом пошел за своим внутренним ощущением. Оно его никогда не подводило.

Он все чувствовал – каждого человека, ведь он прошел все, вобрал в себе все беды людские, переживания, страдания, поэтому я слышу, как нередко, говорят, прочитав его статьи: «Да, это же обо мне! Откуда он это знает?»

/ЗНАЕТ!/

Это было еще в начале моей учебы, мы шли с ним по улице, и я под впечатлением какой-то несправедливости заговорил с ним о зле.

– Сколько же зла в мире!

– Ну, разве это зло?! – ответил он.

– Но, все-таки, – говорю, – убийства, воровство, насилие, мир полон всей этой гадости.

А он идет и, как бы между делом, бросает мне:

– Это я все прошел.

Я даже остановился, помню, спросил его:

– Что вы прошли?

– И убийцей, и вором был, и даже хуже этого, – говорит он.

Я смотрю на него, невольно сканирую, – стоит передо мной старичок небольшого роста, который всю свою жизнь провел на простых работах, жил в религиозной среде, был неотлучно при своем отце Бааль Суламе. И вдруг он мне говорит, что он все в жизни прошел. Смотришь на него и думаешь: что он прошел, что он видел, кроме своего этого мира, практически не выезжая никуда, не встречаясь ни с кем… Он понял этот мой взгляд, не стал тогда объяснять.

И только потом стало мне ясно, как примитивны были все мои мысли и сравнения, что это я никуда не выезжал, хоть и объездил немало стран, – ничего не видел, ничего не прошел со своим высшим образованием, биокибернетикой и тонной литературы, которую пропустил через себя. А он, РАБАШ, прошел.

Он раскрыл в себе такой эгоизм, в котором прочувствовал, что он и убийца, и насильник, и вор, и все-все, что есть в мире, хорошее, плохое, ужасное – все это в нем.

Он потом не раз объяснял мне, что в человеке, который действительно выполняет духовную работу, в нем всплывает все человечество. Он принимает, как свои, все недостатки, погрешности, нарушения других.

– Ведь ты должен видеть перед собой общую душу, – говорил он, – И, видя изъяны мира, не имеешь права останавливаться. Ты обязан включиться в исправление. Почувствовать себя грешником, вором, убийцей. «Откопать» в себе судью, независимо от своего проступка. И так призвать Творца – судить и исправлять себя. Если приходишь к этому, значит, ты решил проблему. И так каждый раз.

Все эти размышления, ощущения, открытия РАБАШ и включил в свои статьи. Потому-то они и бесценны.

/ МЫ ПОКУПАЕМ ПЕЧАТНУЮ МАШИНКУ /

Когда я увидел, что РАБАШ уже не остановится, я уговорил его купить печатную машинку. Объяснил, что почерк у него неразборчивый, и он сразу согласился.

Мы поехали в Тель-Авив, зашли в магазин, и РАБАШ сам опробовал все машинки, был увлечен этим, как ребенок, а когда приехали домой, сразу же сел и начал печатать. С этого момента, наш график не изменялся уже никогда.

Сразу после прогулки в парке, мы возвращались домой, я готовил ему кофе, он поднимался наверх, в свою квартиру, и садился печатать. Я оставался внизу, здесь было темно, прохладно, я открывал книгу и ждал.

Прислушивался, пока сверху не раздавался первый равномерный стук печатной машинки.

Я и сейчас слышу его, когда пишу эти строчки, иногда слышу, когда читаю статьи, это для меня лучше любой музыки – каббалистическая «музыка» РАБАШа – «тук-тук, тук-тук…»

РАБАШ печатал одним пальцем, ошибки аккуратно замазывал «типексом»[42], это был для него целый процесс, которому он отдавался полностью. Практически после каждого слова, он ставил запятую, как бы передавая свое состояние, говоря о том, что каждое слово написано им не просто так, а надо его прочувствовать, вдуматься, не торопиться читать. Так за неделю получалась статья из семи-восьми листов.

---

[42] Типекс – специальная белая краска для правки текста.

Прошло время, мы приобрели электрическую машинку… РАБАШ вошел во вкус. Он ни разу не изменил своего графика. В нем накопилось столько за эти годы, что он не мог сделать перерыва, он торопился.

/ ЗНАТЬ СВОЮ ДУШУ /

Через какое-то время, мы начали читать эти статьи в группе в начале урока. Читали час, полтора. РАБАШ слушал, закрыв глаза, откинув голову.

Ему важно было мнение не только учеников, но и наших жен. Завершая статью, он неизменно говорил мне: «Не забудь раздать женщинам». В мои обязанности входило размножать статьи и через мою жену передавать им. Следующим вопросом РАБАШа было: «Ну, что они сказали? Как им статья?» Он ценил их мнение, пожалуй, даже больше нашего. Вот так раз в месяц и появлялись статьи, написанные именно по вопросам женщин.

Сегодня, по прошествии почти 40 лет, я вижу, какие изменения произвели статьи РАБАШа во мне, в его учениках, во всех тех, кто окружал его.

Как сначала они казались написанными даже некрасиво и неправильно, казалось, что их отдельные части не связаны между собой, что они непоследовательны… Это потому, что мы не видели в них точного движения сил души, которая развивается именно так. Мы не знали свою душу. А РАБАШ знал ее.

И статьи эти сделали свое дело. На моих глазах начали происходить чудеса. Помню, мы читали статью, вдруг открылась дверь в класс, и зашел кто-то мне неизвестный, взял кофе, сел, и, как ни в чем не бывало, включился в урок. Не прошло и десяти минут, как снова открылась дверь, и появился новый неизвестный, который повел себя так же. РАБАШ увидел мое недоумение, наклонился ко мне и шепнул: «Этот исчез 10 лет назад, а второй 15…»

Вот так мы начали читать статьи, и вдруг стали возвращаться давно исчезнувшие ученики РАБАШа. Они словно услышали призыв и вернулись. И вели себя так естественно, словно вышли покурить или взяли отпуск на один день, а не на 10 или 15 лет.

А все потому, что эти статьи были «рукописью» души человека.

А чего душа жаждет? Заботы о других. РАБАШ заботился обо всех.

/ ЗАБОТА О ДРУГИХ /

РАБАШ говорил мне: «Хочешь выйти из темноты – начни заботиться о других». Это и было его молитвой.

Я видел это во время первой ливанской войны, в 1982 году. РАБАШ тогда каждый час приникал к приемнику. Он слушал сводку новостей в машине, дома, даже во время урока. Его не интересовали комментарии, а именно то, что происходит.

Но во время войны в Ливане он не выпускал приемника из рук.

Тогда к нам на урок приходили чужие люди, и для них это выглядело очень странно. Как это так, ты прекращаешь говорить о том, что написано в

Торе, прекращаешь изучать такие возвышенные вещи, ради того, чтобы послушать новости?!

Я помню, кто-то из харедим (ультра-религиозных) возмутился даже, он спросил РАБАШа: «Как такое может быть? У нас вообще не принято слушать радио, а Вы тут даже прерываете урок и слушаете!»

РАБАШ ответил ему: «А если бы у тебя были там сыновья, тебя бы волновало то, что там происходит или нет?! Уверен, что твое сердце было бы там! Конечно! И ты бы включал радио и слушал, потому что чувствовал бы, что от этого зависит твоя судьба. А у нас там находится вся наша армия, и все они – мои сыновья, и я страдаю и тревожусь за них».

Это была для меня хорошая школа. Понять, как каббалист развивает в себе особое чувство к народу, как страдает и старается быть вместе с народом во всех бедах, трудностях и проблемах, выпадающих на долю страны.[43]

---

[43] Бааль Сулам пишет в статьях «Поручительство» и «Дарование Торы» о том, что чем больше развит человек, тем больше он начинает тревожиться не за себя, а за свою семью, затем – за родственников, потом – за общество, в котором он находится, за свою страну, за весь мир. Это приходит из внутреннего осознания того, что мы – Единый организм. (из блога Михаэля Лайтмана)

/НЕОЖИДАННО – ЗОАР/

1983 год, сентябрь. Помню, тороплюсь вечером куда-то, иду по улице Бней-Брака, и вдруг вижу объявление на стене – «Умер Ашлаг». Я замер, подкосились ноги – какой Ашлаг? Подбегаю ближе, читаю – Шломо. И понимаю, что умер младший брат РАБАШа – Шломо Беньямин Ашлаг.

Спешу к РАБАШу. Он сидит за столом у себя дома, и я с порога спрашиваю его: «Что мы делаем?» Думал, ответит: «Едем сидеть шиву[44]».

А он мне говорит: «Мы никуда не едем. Мы с тобой сидим здесь. Будем заниматься».

Вот так и начались эти неповторимые семь дней, которые точно «потрясли мир».

Семь дней мы были одни, никто не приходил к РАБАШу, и мы никуда не выходили.

Он раскрывал мне то, что мы никогда не учили в группе – «Предисловие к Книге Зоар»,

---

[44] Шива – траурная церемония, длящаяся семь дней. В ней участвуют ближайшие родственники покойного: отец, мать, брат, сестра, сын, дочь, жена, муж.

написанное РАШБи. Его еще называют короной (кетером[45]) Книги Зоар.

РАБАШ сказал: «Тому, кому открывается эта книга, открывается весь Зоар». Он сам решил, что мы будем проходить именно это предисловие, сразу открыл книгу, начал читать и пояснять.

[45] Кетер (ивр. כתר «корона») – в каббале первая из 10 сфирот.

Это были семь дней полета! Не то, чтобы РАБАШ объяснял больше, нет, он не менял своей методики, как всегда делал упор на то, что ты должен сам стараться держать намерение, тем более, что Зоар – это «сгула»[46]... Но в эти дни он создал такую атмосферу, когда я боялся пропустить слово.

Этого не изложишь в книге. То, как я сидел с открытым ртом и чувствовал, как созреваю. Был зеленый плод, не пригодный ни для чего, и вдруг землю удобряют, дождь идет, солнце румянит, и ты понимаешь, что ты созреваешь, что-то входит в тебя – еще не можешь понять, что, но готов не спать, не есть, отдаться этому естественному пути, на который тебя наставила Книга Зоар, РАБАШ...

«В том зале скрыты огромные сокровища, одни над другими. В том зале есть наглухо закрытые ворота, чтобы закрыть доступ света. И их 50...»

---

[46] Сгула – особое средство, труды каббалистов, благодаря которым можно объединить в одно целое человека, группу и Творца. Их единство осуществимо только при условии правильного пользования системой, в которой они находятся. (Из блога Михаэля Лайтмана)

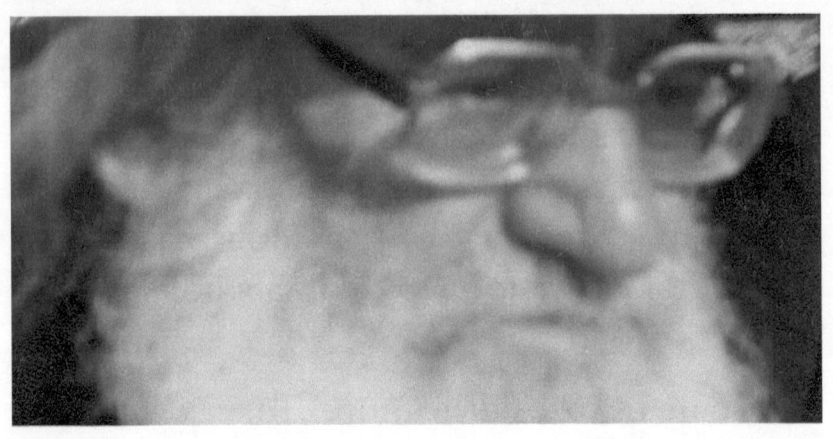

И объяснял РАБАШ: «Ворота означают сосуд – желание получить свет».

«В тех воротах есть один замок и узкое место, чтобы просунуть в него ключ».

Увидеть замок в воротах – это значит понять, что свет можно получить, только отдавая. И когда ты пытаешься это делать, то понимаешь, что место это узкое, приблизиться к этому замку, к этому входу в духовное, не просто, размер его с игольное ушко. Надо приблизиться, не промахнуться, не отклониться, просунуть в него ключ… – наше намерение, и открыть замок, выполнить заповедь – доставить наслаждение Творцу.

Когда-то РАБАШ записывал за Бааль Суламом, и из этих записей родилось «Шамати».

В эти семь дней я пытался записывать за РАБАШем, и из этого сложилась моя восьмая книга – «Зоар». Там нет меня. Я очень старался ничего не добавить от себя. Там РАШБИ и РАБАШ.

Так мы провели вместе эти семь незабываемых дней. А когда они закончились, РАБАШ сказал: «Теперь мне надо уединиться».

И уехал в Tверию.

/УЕДИНЕНИЕ РАБАША /

Поездки в Тверию он совершал сам, никого к ним не подпускал, хотел быть один.

Раз в месяц он уезжал от нас на два дня. В Тверии он жил в маленьком домике у Дрори, старого своего ученика.

Наступало время, когда он должен был выйти из своего постоянного места обитания, оставить семью, детей, жену, учеников, остаться наедине с самим собой.

В прошлые времена так вообще было принято у каббалистов и называлось «выходом в изгнание».

Человек выходил из дома, ничего не брал с собой, уходил на год или два. Зарабатывал, как мог, жил, где придется, держался только за Творца, потому что не за кого было больше держаться.

РАБАШ не мог себе позволить год или два, а только несколько дней.

Когда он возвращался обратно, я его встречал с автобуса, нес чемодан и, не скрою, мечтал, что однажды он возьмет и меня с собой.

Но я не смел предложить ему это, понимая, как важно каббалисту такого уровня уединение.

И однажды я убедился в этом сам.

/ ОН
БЫЛ
НЕ ЗДЕСЬ /

Как-то раз, когда РАБАШ уехал в Тверию, вся наша группа вдруг решила: поедем к нему. Было это в четверг, как раз в день собрания товарищей, он должен был в пятницу возвращаться, решили провести этот день вместе с Учителем, сделать трапезу, думали, что порадуем его этим.

Приехали. Подошли к забору домика, в котором жил РАБАШ, и вдруг остановились. Мы поняли, что не знаем, как войти, не понимаем, вообще, почему приехали, как в нас родилась эта мысль. Нас ведь никто не приглашал. Стояли перед забором, молчали и не знали, что делать. Вдруг кто-то сказал: «Пусть Михаэль идет». И все посмотрели на меня.

Я, помню, вошел в заросший сад, помню, как прошел по тропинке к дому, и все время жила во мне эта тревога, что пришли не вовремя, что он не звал нас, почему я иду, почему согласился?!..

Так и подошел к двери дома, на ней была сетка от комаров, большая, во всю дверь, я помню все, до мельчайших деталей. Я посмотрел сквозь нее, сначала ничего не увидел, а потом вдруг различил человека, сидящего на кровати. Я не сразу понял, что это РАБАШ.

Он сидел, не двигаясь, в штанах и нижней рубашке, и смотрел перед собой. Я долго не решался нарушить тишину, но и мысль, что я подглядываю за ним, тоже не радовала. Поэтому, я тихо произнес: «Здравствуйте, Ребе».

Он не отреагировал. Я позвал громче: «Ребе?!» Он медленно повернул ко мне голову, и я вдруг понял, – он же меня не видит!

РАБАШ смотрел куда-то сквозь меня, словно я был прозрачный. Помню, как у меня билось сердце, я не знал, что делать в такой ситуации.

Он вдруг перевел взгляд вниз, на пол. Это длилось минуты две, не больше. Потом медленно поднял на меня глаза и спросил: «А кто тебя сюда звал?»

Он сказал это тихо, таким тоном, как будто говорил с абсолютно чужим, незваным человеком. И я снова подумал, надо разворачиваться срочно и уходить. И увозить всех… Но я ответил все-таки: «Ребе, мы приехали вместе. Вся группа. Мы думали…»

«А кто вас звал?» – перебил он меня. Сказал и снова отвел взгляд. Снова вернулся в то же состояние, в котором я его застал.

Я больше не говорил ни слова, боялся нарушить его тишину. Осторожно спустился со ступенек, закурил. Подошли ребята, они сразу все поняли, мне даже не пришлось им ничего объяснять. Мы сидели, курили, и не знали, что делать.

/ ВЫХОД /

Когда не было внешних помех и не надо было ни перед кем «рисоваться», РАБАШ мог войти в такое внутреннее состояние, в котором он практически тела не чувствовал, оно не мешало ему, он уходил в себя.

С трудом слышал, что происходит вокруг, все переживал внутри. Это не было медитацией, нет такого понятия в каббале, это было духовное углубление. Это его состояние я и подглядел в Тверии.

Прошло полчаса, а может быть и больше. Мы не знали, что делать. С одной стороны, понимали, что нельзя было приезжать, не сообщив ему об этом, с другой стороны, я чувствовал, что не могу его таким оставить, что надо ждать.

И тут вышел Ребе. Он уже был другой, взгляд другой, «оживший», глаза разглядывали нас с любопытством, он спросил: «Ну, и что вы тут делаете?» Мы начали ему объяснять, что не хотели его тревожить, что решили в Твери сделать наше заседание товарищей, ну и зашли заодно навестить. Подумали, как же так, быть в Твери и не навестить.

Мы все посмотрели на РАБАШа. Он выдержал хорошую паузу, снова оглядел нас… и сказал: «Делаем трапезу».

У всех сразу отлегло от сердца, все так обрадовались, заулыбались. Арон Бризель, специалист по трапезам, кого-то послал на рынок, кто-то уже кипятил воду, кто-то нарезал овощи, и у всех у нас было ощущение праздника.

/ О ТРАПЕЗЕ /

О трапезе с РАБАШем нужно сказать особенно.

Для него, это было не просто принятие пищи, сидение с товарищами – это был высокий духовный процесс. И он привил нам такое же отношение к этому действию.

Наши трапезы проходили в полном молчании. Нельзя было разговаривать друг с другом. Каждый должен был концентрироваться внутри себя и говорить сам с собой.

В воздухе царило такое напряжение, что человек был вынужден сопровождать намерением каждую крошку, положенную в рот. Если бы после трапезы он решил вспомнить, что ел, то ему было бы очень трудно ответить на этот вопрос. Пища как бы не имела никакого вкуса, ведь вкус получали не от еды, а от самого состояния.

Вот такую трапезу мы устроили тогда, в Твери. Все ее помнят и по сей день из-за особой внутренней силы, которая исходило от Ребе.

/ ВМЕСТЕ! /

Прошло несколько месяцев, я уже не помню, при каких обстоятельствах, но заговорили мы с РАБАШем о Тверии.

И он вдруг говорит мне: «Давай вместе ездить».

Я растерялся, занервничал – я не мог и желать большего. Помню, не спал ночь перед поездкой, все думал, как это будет, что сделать, чтобы не разочаровать Ребе, что приготовить…

Ну, готовку взяла на себя моя жена. Оля привязалась к РАБАШу сразу же, как только увидела его. Её отец был репрессирован при Сталине. И вот появился РАБАШ, и она все тепло своего сердца, неистраченное на отца, передала ему.

Больше всего это выражалось в готовке пищи. РАБАШ не раз говорил, что приготовленную Олей еду предпочитает любой другой. Потому что она сердце туда вкладывает. Особенно ему нравился суп, который Оля делала по его рецепту. В суп закладывалось несколько кусков говядины, ножка куриная, картошка, вермишель.

Суп должен был быть такой густой, чтобы ложка в нем стояла. Я приносил его РАБАШу еще горячим, мы ведь жили поблизости, он пробовал, закрывал глаза, выдерживал паузу, и вдруг, причмокивал, и говорил: «Эх, хорошо!» Потом садился и писал Оле записку. Вообще записок у Оли сохранилось немало, в них он благодарил ее. И о каждом блюде в отдельности делал запись. «Здесь добавь соли, – писал, – а здесь поперчи, а это блюдо совершенно».

У РАБАШа была потрясающая черта, он никого не обделял вниманием, он замечал каждого, а особенно чувствовал тех, от кого исходило тепло. Они были для него, как ангелы, которые приносят радость. Вот такой стала для него моя жена Оля.

/ ТРЕПЕТ /

Я очень волновался перед дорогой, боялся что-либо упустить, словно мы едем на необитаемый остров и надо все предусмотреть. Взял постельное белье, книги, кофе, набрал всякой еды, знал, что он любит селедку простую, черный хлеб, определенный сыр… Оля пожарила курицу, сделала котлеты, нарезала овощи.

Когда мы, наконец, сели в машину, помню, спросил РАБАШа, почему я испытываю такое волнение перед поездкой.

Он ответил, что это хорошо, что недаром первая заповедь – трепет. Что такой же трепет он испытывал перед своим отцом, что это под стать духовному трепету, – ведь не за себя волнуюсь, а за то, смогу ли я действительно приподняться над собой, аннулировать себя, увидеть, как я могу помочь своему Учителю… «Ведь так? – спросил он меня и тут же сам ответил, – это не важно, что в нашем мире все не так. Нам надо пытаться все время жить для других. Это хороший трепет. Он вызывает свет».

Я порывался все время достать блокнот или магнитофон, который всегда был при мне, но РАБАШ в этих наших поездках был строг. Никаких записей, никаких магнитофонов!

/ГОСТИНИЦА НА ДВОИХ /

В Тверии мы пару раз селились в обветшалой гостинице ученика Ребе Ицхака Келлера. Мы там были единственными постояльцами.

По пустынным коридорам гулял ветер, пахло пряностями и пылью. И в ночные часы в тишине звучал грудной голос Ребе, он разносился по гулкому коридору и выходил в открытые окна, в ночь.

Я сидел перед Ребе, словно младенец рядом с отцом. И мне незачем было притворяться, он знал обо мне все, – что движет мной, какие мысли, порывы, желания. Иногда я вынуждал его немного рассказать обо мне, и он раскрывал мне такие свойства моего характера, в которых я не мог бы признаться даже самому себе – кто я на самом деле. Да я бы и не распознал в себе эти свойства, не пришел бы к такому выводу, как он.

Несколько недель мы приезжали в эту гостиницу, а потом Дрори предложил, чтобы мы жили у него. Именно в том домике, который вошел в мое сердце навечно. Где совершались чудеса, где поднимались молитвы, которые переворачивали мир. Здесь я видел настоящего РАБАШа, наполненного одной мечтой о Творце, преданного одной великой цели – раскрыть Его миру.

/СКАЗАННОЕ ОСТАЕТСЯ /

Иногда я жалею, что не удалось записать наши беседы в Тверии, – это было что-то неповторимое. Но в то же время, я убедился, насколько сказанное им для записи отличается от сказанного без записи. Как он ограничивал себя в первом случае, и как был свободен во втором.

Таким же был и Бааль Сулам, он не разрешал записывать за собой. РАБАШ должен был выходить, вспоминать все сказанное отцом на уроке, чтобы потом из этого родились великие записи «Шамати» – «Услышанное». Запись была совершенная и точная, потому что отмена РАБАШа перед отцом была тотальная, а значит, все было записано слово в слово.

С одной стороны, РАБАШ записывал за отцом, а с другой стороны знал, что сказанное однажды никуда не исчезает. Что вся духовная информация остается. Не раз он говорил что-то такое необычное, очень высокое, «не из этого мира», не поясняя сказанное.

Как-то к нам в Тверию приехал ученик РАБАШа, мой товарищ Арон Бризель, и РАБАШ несколько минут говорил слова, которые мы не могли связать вместе. Бризель даже подпрыгнул от того, что ничего не понял. Он тут же переспросил: «Что вы сказали, ребе?» А тот ответил: «Это не для тебя, это для того, чтобы осталось в мире».

Он понимал, что вся высшая информация не исчезает, а ждет того часа, когда придут те, для кого она была произнесена. И она раскроет их сердца. И мы «услышим» РАБАША и всех великих каббалистов, которые собрали для нас сокровищницу мыслей и постижений, и нам для этого не потребуется никаких технических средств, а только желание услышать.

/ВЕЧНОСТЬ В ТВЕРИИ /

Итак, в Тверии мы переместились в старенький одноэтажный домик Дрори. Подходы к нему заросли травой, мы пробирались по тропинке к входу. Здесь были две комнаты. В одной спал РАБАШ, в другой – я.

Все было просто, ничего лишнего, но я бы не променял самые дорогие апартаменты на эти две маленькие комнатки и вечность, которую ощущал там.

Мы приезжали, раскладывались, и я готовил еду. Ели и тут же ехали в горячие источники «Хамей Тверия»[47]. РАБАШ заходил в огромную ванну на полчаса, становился под горячую воду, он любил тепло, прогревался минут сорок. Я не выдерживал и 20-ти минут. Потом он ложился на топчан. Я заворачивал его хорошенько со всех сторон простыней и одеялом…

Он любил потеть так, чтобы из него «все выходило». И много пил. Пил и потел, пил и потел. Он от природы чувствовал, что хорошо для него, а что нет. Это не было насилием, это было очень естественно, словно шел его разговор с природой, и то, что поддерживало гармонию, то и принималось. Например, вот таким было очищение тела, когда вся грязь выходила через поры. И, если для нас естественным было использование мыла, то он никогда им не

---

[47] Термальные источники (купальни) «Хамей Тверия» находятся на берегу озера Кинерет около города Тверия.

пользовался, – действовал по природе, омывался только водой.

Я не буду описывать все, что происходило дальше, как ехали домой, что ели, все помню досконально, но важно одно, все он делал с одной целью, – все силы вложить в учебу.

И отдых этот в «Хамей Тверия», и сон, и еда – он ведь никогда не переедал! Все было для того, чтобы каждая минута из 8-10 часов учебы, не пропала, не была пропущена.

В сущности, к телу он относился очень жестко. Я все время приглядывался к нему. У меня с телом были иные расчеты…

/ПУСТЬ СТРАДАЕТ /

Несколько раз в году у меня были проблемы с кожей. Причем такие, что иногда я не мог встать с постели. Мой друг Ярон, столяр, соорудил мне специальный обруч, который водружался надо мной, и на него клали одеяло так, чтобы не касалось тела. Я лежал, ужасно мучился, тело переставало дышать, кожа сходила с меня лентами, я просто брал ее и снимал. Весь был покрыт нарывами, лимфа сочилась из всех пор, короче, менял всю кожу…

И вот в один из таких периодов мы гуляли с РАБАШем по парку. Я сумел встать с кровати, страдал, конечно, от одежды, которая меня касалась. Но встал, потому что не мог не пойти.

Это было зимой, на мое счастье дул холодный ветер, зимний, пронзительный, я шел нараспашку, расстегнутый, подставляя всего себя ветру. И мне хотелось, чтобы он был еще холоднее, еще больше обжигал… Шел с закрытыми глазами, иногда открывал их, проверяя, где РАБАШ… И вдруг вижу, он остановился и на меня смотрит.

И я спрашиваю его, через боль огромную – я еле-еле мог открыть рот, словно обмазанный смолой, я спрашиваю РАБАШа: «Ну, что же будет, Ребе?! Что будет?!»

И тогда он делает ко мне шаг, хватает меня за руку, и с такой огромной болью говорит: «Пусть страдает! Пусть!» Это он о теле говорит. И тыкает в себя пальцем, словно щиплет себя до боли. И глаза у него при этом горят даже какой-то радостью: «Михаэль, ты не представляешь, сколько ты выигрываешь!..»

/ХОЗЯИН НАД ТЕЛОМ /

Он так жил. С младенчества был воспитан относиться к своему телу, как к постороннему. Поэтому и указывал на него, и говорил: «Пусть страдает!» Оно! Говоря о теле, говорил об эгоизме всегда. Наслаждался от того, что топтал это свое эго.

Это не было каким-то видом мазохизма, потому что вместе с этим он был слит со свойством отдачи. Тело было для него, как придаток к душе, отделенный от нее напрочь. Он был хозяином тела и души, управляя обоими – эгоизмом тела и высшей целью души, как двумя линиями. Он строил третью линию на их соединении. И в этом видел самого себя.

Так должен жить человек, постигающий высшую реальность. Человек, который находится в постоянной атаке. Он был таким. Он атаковал все время. И это все происходило на моих глазах в Тверии.

/ АТАКИ НА МИР /

В Тверии мы учились по 8-10 часов. Это были 8-10 часов молитвы. Мы изучали 16-ю часть из «Учения десяти сфирот», «Врата намерений», письма Бааль Сулама и, конечно, статьи из «Шамати».

Это то, что практически не изучалось со всеми на уроках. Только в последние годы РАБАШ решил пройти это в группе. Кроме того, мы читали «Тайный свиток», который каббалисты писали очень скрыто, только для себя или же для тех, кто понимал. Об этом я пока не могу рассказать.

РАБАШ брал эти тексты и объяснял их мне. Он выбирал именно те части, которые близки к душе, самые близкие к нам корни. Он их чувствовал. Ему было важно, чтобы я услышал, и не только услышал. Он промывал меня этими текстами. Отрезанные от всего мира, без телефонов, посторонних разговоров, мы сидели друг напротив друга, и я пытался не упустить ни слова.

Он говорил, по привычке раскачивая головой, закрыв глаза… и вдруг замирал, долго молчал. Что он слышал? О чем думал? Иногда мне казалось, что он разговаривает с Бааль Суламом, слышит его. Наверное, так оно и было.

Вечером мы выходили с ним гулять.

Шли, не торопясь, обычно он держал меня под руку, так шли. Мимо витрин, кафе, ресторанчиков, спускались к озеру, иногда говорили, иногда шли молча, он думал, я курил, всегда чувствовал себя так, словно боюсь помешать ему.

Возвращались, я стелил постель, ставил ему воду на столик, укладывал его. Он обязательно перед сном должен был прочитать что-то из «Шамати», он читал, выключал свет и тут же засыпал.

Чтобы утром начать новую атаку.

/МЫ МОГЛИ ПРОРВАТЬСЯ... /

Но однажды и группа получила возможность атаковать. Это было в Суккот[48].

Мы, вся группа, выложились, готовясь к празднику. Построили Сукку по особо строгим правилам РАБАШа. Он проверил все досконально, прощупал каждый стык и остался доволен. Она была вся сделана из дерева, без единого

---

[48] Суккот – праздник, который символизирует один из этапов на пути к духовному исправлению. состоянию. Подготовка к празднику Суккот начинается со строительства сукки – особого шалаша, главным элементом которого является кровля. Кровля олицетворяет «масах», экран – особую силу, которую получает человек для преодоления своих врожденных эгоистических качеств.

железного гвоздя, с особо плотной крышей[49], которая парила над стенами сукки и почти не пропускала свет.

Мы еле держались на ногах от усталости, но была атмосфера праздника, подъема, какого не было прежде.

В этот праздник РАБАШ давал особые объяснения на уроке, возможно потому, что мы могли больше воспринять. Он был как никогда эмоционален, не скупился на объяснения, он подводил нас к атаке.

---

[49] Построить сукку и накрыть ее кровлей – это не только внешне построить ее, но и внутренне. Это значит, поднять духовные ценности над эгоистическими и сделать их самыми важными в жизни. Постройка сукки – дело, непосильное для одиночки. Нужна помощь товарищей, окружения. Поэтому человек на пути к духовному обязан построить такое окружение.

– Мы выходим сейчас из дома, – говорил он. – Мы закрываем за собой дверь в эгоизм. Мы не вернемся больше туда.

Мы слушали его, затаив дыхание, мы шли за ним...

– Это – первое исправление, сокращение на свой эгоизм, без этого нет продвижения. Мы переходим в сукку, мы готовы все время жить во временном жилище, в постоянных изменениях, в заботе об экране. Вот он, над нами, наш общий экран, мы все время под ним! И тогда это настоящий праздник! Подняться над своими желаниями, уподобиться отдаче, Творцу, жить, словно паря в воздухе...

Мы были возбуждены, мы жили в предощущении, что вот-вот что-то произойдет... Что-то такое, к чему мы шли всю жизнь...

Но проходили дни... мы понимали, что-то не срабатывает...

На пятый день Суккота, я даже помню, что это было – где-то около 11 утра, мы шли вдоль берега моря, я не выдержал, остановился и спросил РАБАШа:

– Чего нам не хватает?! Чего?! Ведь все так хотят, все в таком напряжении, мы всю неделю вместе, мы не выходим из сукки, и Вы даете такие уроки! Чего же нам не хватает для прорыва?!

И он почувствовал, что это не только мой вопрос, а всех нас, и ответил:

– Не хватает атаки! Атаки! Мы выйдем, если соединимся.

И пошел вперед.

А вечером дал незабываемый урок. О том, что, только соединившись, народ вышел из Египта. Только соединившись, смог вскричать к Творцу. Только соединившись, пересек Конечное море, бросился в неведомое. И только соединившись, смог стать народом у горы Синай, приняв условие Творца, – либо вы соединяетесь, либо это станет местом вашего погребения.

– Примете эти условия, – сказал он, – сможете родиться в новом мире.

…Мы не сумели тогда принять эти условия, не сумели. И это оставило во мне незаживающую запись на сердце.

/ МОЕ ОТКРЫТИЕ /

Прошло уже немало лет и с того незабываемого Суккота, и с нашей Тверии, и сегодня я очень ясно понимаю, что каждый вопрос, мной заданный, не из меня исходил, а из него, каждая прочитанная им строчка, не для меня была прочитана, каждое его объяснение, не мне это предназначалось.

Особенно в Тверии это происходило, – такое «переливание крови». Когда он передал мне силы, чтобы я не поддался ничьему влиянию, чтобы остался с ним до конца. И после его ухода был с ним вместе.

Он отшлифовывал на мне свою методику, необходимую, как воздух «последнему поколению»[50]. Оно уже пришло. Оно еще не поняло, что оно «последнее», но РАБАШ-то это знал, и он торопился. Он завершал всю эту цепочку – от Авраама, через все поколения великих каббалистов, до наших дней.

Я чувствовал это. И очень хотел хоть чем-то ему соответствовать.

/ МОИ РОДЫ /

А чем я мог ему соответствовать? Знал, как РАБАШ жаждет, чтобы каббала открылась всем, поэтому давно уже задумал книгу. Спросил его:

– Вкладываться в это или нет?

---

[50] Последнее поколение (дор ахарон) – поколение, в котором начнется процесс исправления природного человеческого эгоизма.

– Обязательно. Ты обязан ее написать, – он сказал, – а я тебе во всем помогу. И после этого уже часто спрашивал: – Ну, как книга?

А она рождалась во мне как-то естественно, я был, словно беременным ею. Ведь я практически все записывал за РАБАШем, был полон чертежей, которые он мне регулярно подправлял. Я уже мог в кратком виде записать и зарисовать всю систему миров.

Сегодня меня обвиняют в том, что я открываю каббалу всем, преподаю всем, не важны мне ни национальность, ни возраст, ничто. Говорят, мол, РАБАШ бы этого не допустил. Какая глупость!

Да, он родился в ортодоксальной семье, да, всю жизнь прожил среди религиозного окружения, но мыслил он, как и его отец Бааль Сулам, – масштабами мира. Знал, что именно такое время наступает, когда всем откроется каббала, готовил меня к этому, поэтому и поддержал полностью написание книг на русском языке. Он же прекрасно понимал, что будут они распространяться в России не только евреям, и это его нисколько не волновало.

Когда книга во мне окончательно созрела, я сел и буквально за два месяца написал ее. Разделил на три небольшие книжки. Выпалил все, что у меня наболело внутри, понимая, что, если не напишу, лопну от напряжения.

Вот так я ее и родил, иначе не скажешь.

И потом, когда книги уже были написаны и отпечатаны, я принес их РАБАШу и радовался, видя, как он их просматривает, как проверяет рисунки, он сидел с сигаретой в зубах, склонив голову набок, и листал книгу, листал.

Потом спросил:

– Сколько экземпляров будешь печатать? Какую цену поставишь?

– Я бы ее раздавал просто так, – сказал я.

– Нет. Ее надо продавать и продавать не задешево. Ставь среднюю цену, – ответил РАБАШ.

Я так и сделал.

Пока писал, пока занимался книгой, чувствовал себя на подъеме. Как только она вышла из меня, почувствовал, словно воздух вышел. И хоть ты и понимаешь, что падения – это необходимое состояние на нашем пути. И даже готов к ним. Но ничего не помогает.

/МОИ ПАДЕНИЯ /

Как они приходили? Неожиданно. Вдруг нарушалось бесспорное величие РАБАШа. Это было, как падение с огромной высоты.

Мне казалось, что я подготовлен к ним, «прикрыт» РАБАШем.

Но вот приходит падение, и ничего не действует. Я падаю в минус бесконечность.

Одно из них я никогда не забуду. Я тогда очень сильно обиделся на РАБАШа. Сидел дома и не мог прийти к нему.

Только потом рассказали мне, как РАБАШ, удивленный, стоял посреди нашего учебного зала, расставив руки, и повторял: «Так оставляют товарища?!»

Это обо мне он говорил, как о товарище, обо мне! Что это я его оставил!

Я потом обомлел, услышав это, думал, почему же мне не передали сразу, я бы все бросил и вернулся к нему!.. Но тут же понимаю, что, если бы даже и передали, я не смог бы подняться над своей обидой, не смог бы прийти.

Вот так и лежал дома. Неделю не выходил. Физически здоровый, сильный мужик, я чувствовал себя «тряпкой». Не мог пересилить себя, не мог.

И вдруг, звонит РАБАШ:

– Что с тобой, Михаэль?

– Я не могу встать.

– Сейчас же вставай и приходи!

– Я не могу!

– Приходи!

– Я не могу выйти из дома. – Я вдруг плачу. Я не помню, когда плакал в последний раз, а сейчас не могу сдержать слез! – Ребе, я не могу пошевелиться! – говорю я.

И тогда раздается его спокойный голос:

– Михаэль, ты слышишь меня?

– Да.

– Я жду тебя вечером. Мы сядем, сделаем трапезу. Я понимаю тебя.

Вечером ко мне пришли ребята, он послал их, они забрали меня на трапезу. РАБАШ налил мне стакан виски, и сказал:

– Вот, сейчас ты такая же «тряпка»[51], как и я. Это хорошо. Пей.

Я выпил. Была наша обычная тихая трапеза, с внутренней молитвой, и уже там я почувствовал, – сработало! Я – другой!

---

[51] В понятии «тряпка» есть много составляющих: я сам ни на что не способен, я завишу от Творца, я рад тому, что обнаружил это. Тем самым у меня есть и начало, и конец действий, и в каждое действие я должен вкладывать силы, чтобы добраться до понятия «тряпка», – а затем прилепиться к Творцу и обязать Его сделать что-то.

Итак, состояние «тряпки» наступает после всех усилий, согласно принципу «трудился – и нашел». Это последний этап, важная ступень, на которой я понимаю: больше у меня ничего нет, я «выжат» до конца, бессилен, лишен энергии, движущих сил – и обязан получить их от света.

Я не могу осуществить на себе исправление, не могу сам набраться нужных деталей восприятия – зато могу перенять у группы желание, требующееся для усилий. Я навеки остался бы на «животном» уровне, если бы Творец не предоставил мне возможность подъема вплоть до той возвышенной ступени, о которой пишет Бааль Сулам. (Из блога Михаэля Лайтмана.)

Назавтра на утреннем уроке, как всегда, сидел рядом с РАБАШем, и он ни словом, ни действием не напоминал мне о происшедшем

/ ОТМЕНА ПЕРЕД УЧИТЕЛЕМ /

Это главное. Мне объяснялось это в течение всей моей жизни рядом с РАБАШем. Для того чтобы получать от учителя, надо отменить себя перед ним. Это необходимое условие.

Как-то, помню, я подвозил Моше Ашлага, брата РАБАШа, домой, мы разговаривали, я только пришел тогда, и вдруг Моше произнес фразу, которая навсегда запала в меня. Он сказал: «Ничего тебе не поможет. Ты должен прилепиться к Ребе».

Вот это слово «прилепиться» и не давало мне покоя. Я мечтал о верхе соединения между мной и РАБАШем, стремился к этому всю жизнь. Не раз говорил об этом с ним, особенно в Тверии. О соединение «из уст в уста». И слышал один и тот же ответ, – полная отмена перед высшим, общий экран, когда взрослый опускается до уровня ребенка и оставляет в тебе отпечаток духовного.

Ты должен обнулиться, «войти» в учителя, полностью поступить в его распоряжение, и он сделает из тебя твое следующее состояние. Как ребенка прикладывают к груди, так же и ты должен аннулировать себя, открыть рот и получать от Учителя.

Вот, что я понял, испытал на себе, прочувствовал явно.

Я помню, как поначалу искал возможность стать незаметным рядом с РАБАШем, мечтал войти к нему в «пещеру» и сидеть рядом с ним. А потом стало труднее, поскольку эгоизм постоянно рос. И отменяться становилось все труднее, потому что Учитель желал уже дать больше.

/КОГДА ПРИХОДИТ «НОЧЬ»/

Сегодня, когда приходит «ночь»[52], я всегда вспоминаю, что РАБАШ был скалой. Скалой! И вызывая в себе ощущения принадлежности к этой скале, я получаю силы. Это он мне их дает! А если не силы, то, по крайней мере, терпение. И без этого я бы, конечно, не смог продолжать.

Я видел человека, который обменял всю свою жизнь на духовное постижение, который каждое мгновение жертвовал собой.

---

[52] «Ночь» означает, что вдруг пропадает желание, приходит безразличие, теряется вкус. Нам становится трудно слушать о работе человека над своим исправлением, надоедает вновь и вновь говорить о любви к товарищам и соединении. (Из блога Михаэля Лайтмана)

Не было такого, чтобы приходила какая-то проблема, внешняя, внутренняя, и он над ней сначала долго раздумывал, а потом как-то реагировал. У него была мгновенная внутренняя реакция при внешнем абсолютном спокойствии. Раз – и всё! И идет вперед. И никаких сомнений.

Он показывал мне, что такое настоящая работа. Быть колесиком, не раздумывая! Настолько исправить себя, чтобы двигаться в то же время, в том же направлении, так же, как вся система.

Это называется «раб Творца»[53]. Да, должен быть анализ, решение, принятие решения, но всё это происходит на таких частотах, в таком темпе, что начало и конец практически сливаются.

Таким был РАБАШ.

---

[53] Рабом называется тот, кто осуществляет замысел своего господина, не вникая в этот замысел, не постигая его и даже не желая его постичь. «Верный раб» означает, что он на сто процентов рад тому, что получает команду и может выполнить ее в точном соответствии с желанием Хозяина – в чистом, полном, совершенном виде, без всякого изъяна, без какого бы то ни было вмешательства своего разума, стать органом, выполняющим команды, связанным с мозгом Хозяина. Я желаю настолько исправить себя, чтобы стать колесиком, двигающимся в унисон с высшей системой без каких-либо раздумий! Это называется «раб Творца», т.е. полное исправление человека. При этом я всецело постигаю Его – систему и управляющую ею силу.

/ ОШИБКА /

Мы видели его таким, хотели быть, как он, – вся наша группа.

Поэтому торопились и совершали ошибки.

Я вспоминаю, как несколько человек подбили группу начать создание коммуны.

Я сопротивлялся, считал это искусственным, преждевременным, понимал, что намерения благие, но был против.

Мне сказали: для чего же мы занимаемся каббалой, для чего изучаем статьи РАБАШа о любви к ближнему, для чего называемся товарищами, братьями?!.

Короче, решили начать с самого простого, так думали, – сложить все зарплаты в одну кассу и деньги разделить поровну.

Назавтра, после заседания товарищей, мы гуляли с РАБАШем, и я рассказал ему об этом, не мог сдержаться.

Я не ожидал такой реакции.

Он остановился посреди улицы, покраснел, переспросил:

– Что?!

Я повторил, заикаясь, я давно его таким не видел.

– Чтобы проявить любовь товарищей, – начал я.

– Кто вам дал право это делать?! – закричал он.

И только сейчас я понял, что произошло что-то ужасное. Пролепетал:

– Так что же делать? Все решили...

– Кто решил?!

– Все.

Он резко повернулся, зашагал прочь, вдруг остановился и бросил мне:

– Я в это не вмешиваюсь, расхлебывайте сами!

Я тут же вернулся обратно к ребятам, тут же рассказал им о реакции РАБАШа. И мы все остановили.

Я потом думал, насколько же мы были слепы, как могли принять такое решение, хотя прекрасно знали, к чему приводят все эти революции. А особенно я. Я ведь все это прошел, испытал на своей шкуре, видел, что это значит, когда эгоисты решают жить в братской любви и в результате, заливают кровью все вокруг. Потому что не осознали коварство эгоизма, не провели долгую и тщательную подготовку, не воспитали новое поколение… И провалили все.

И мы бы провалили. РАБАШ предвидел этот провал группы, в создание которой он вложил столько сил. Предвидел ненависть, которая обязательно разорвала бы нас. Он видел, что мы еще не готовы подняться над ней к любви.

Мы испугались. Все остановили. И слава Богу.

Так получилось, что зачинщики, те, кто продавливали нам это решение, через несколько недель вышли из группы сами. Их просто вытолкнуло сверху…

…Заканчивалась бурная неделя, и мы снова ехали в Тверию.

По дороге практически всегда заезжали в Мерон[54] на могилу РАШБИ.

---

[54] Гора Мерон (ивр. הר מירון) — самая высокая гора в Галилее рядом с городом Цфат.

/ СИЛА РАБАША /

Место захоронения РАШБИ[55] было для РАБАШа чем-то особенным. Я видел, он всегда был впечатлен тем, что может войти сюда, прикоснуться к камню, произнести про себя несколько слов.

Он никогда не говорил ничего вслух, не раскрывал, как все, Псалмы или молитвенник. Он всегда был сосредоточен в самой своей глубине и так стоял несколько минут, а я – рядом с ним.

Иногда он спрашивал: «Ну, ты что-то почувствовал? Что ты ощутил?» Я делился с ним своими впечатлениями и видел, как мне еще далеко до него.

Но однажды, там, на могиле РАШБИ я увидел другого РАБАШа. Это было в праздник Лаг ба-Омер[56].

С каждым годом у РАБАШа было все меньше желания приезжать сюда в праздник. Дело в том, что на Лаг ба-Омер сюда стали съезжаться

---

[55] РАШБИ – Рабби Шимон Бар Йохай, великий каббалист, автор книги ЗОАР.

[56] Лаг ба-Омер – праздник посвящен Шимону бар Йохаю, (РАШБИ), автору главной каббалистической книги – Зоар.

сотни тысяч людей, раньше такого не было. Из этого места сделали культ. Исчезли внутренняя скромность и тишина пребывания на могиле РАШБИ, пришла внешняя крикливость, продажность, массы людей «катили» сюда, чтобы дотронуться до могилы, купить хамсу[57], мезузу[58], исправить жизнь…

Прорваться к могиле стало непросто, это требовало наглости и острых локтей.

В последний раз мы приехали сюда на праздник в 1984 году.

Помню, мы пробивались «с боями» к могиле РАШБИ. Просто брали ее штурмом. Я шел впереди РАБАШа, развернувшись к нему лицом, взяв его за руки, а спиной раздвигал толпу, пытаясь выдавить их. Какое-то время это получалось, но уже ближе к могиле я вынужден был остановиться. Я уперся в кого-то спиной, давил со всей силой, но чувствовал, что тот не сдвигается ни на миллиметр.

---

[57] Хáмса (ивр. חמסה) – защитный амулет в форме ладони, которым пользуются евреи и арабы.

[58] Мезуза представляет собой помещенный в специальный футляр свиток пергамента из кожи «чистого» животного, прикрепленный к дверному косяку еврейского жилища. На свиток нанесены два отрывка из Торы, входящие в молитву «Шма Исраэль».

Я повернулся, это оказался коренастый мужик, который не хотел слышать никаких убеждений. Я попытался надавить, он с легкостью сдерживал меня, даже специально, с ухмылкой. И я понял: бесполезно, не прорвемся.

И вдруг я слышу, РАБАШ говорит мне: «Отойди в сторону». Сам отодвигает меня в сторону, протягивает руку, берет этого мужика за плечо и разворачивает к себе.

Тот поворачивается, уже готовый к бою, и вдруг видит РАБАШа, видит и бледнеет.

У него глаза на лоб лезут. И он начинает орать от страха! «А-а! А-а!» – это было что-то дикое. Он даже заикался от страха, вдруг забил руками, чтобы отскочить от РАБАШа подальше... А ему не дают, тесно, все прижаты друг к другу. Он в панике, кричит, воет!..

И не то, чтобы РАБАШ сильно схватил его, я же видел, он до него просто дотронулся. Но что-то было такое во взгляде РАБАШа, что того пробило.

Что РАБАШ передал ему этим взглядом, я не знаю. Но тот отскочил, как ошпаренный, и все вдруг расступились тоже. И перед нами открылась тропинка к могильному камню РАШБИ. РАБАШ подошел, положил руку на камень, постоял так очень недолго и отошел.

Я сейчас вспоминаю, как все стихло вокруг, пока он так стоял.

Мы вышли, и РАБАШ, ничего не говоря, пошел к машине.

Вот так, я открывал РАБАШа постоянно, каждый день, каждый час. И понимал, что нет конца этим открытиям. И никогда я не смогу сказать: «Я знаю РАБАШа».

/РАБАШ И СТРАХ/

И вскоре я снова убедился, насколько не знаю его. Мы выехали из Тверии рано, торопились вовремя приехать на урок, ребята ждали в Бней-Браке. И, вероятно, я свернул не туда, разговорились с Ребе. Смотрю на дорогу, вижу новые названия, удивляюсь, но еду. И вдруг открывается нам целый арабский город, с улицами, магазинами… и арабами.

Одни арабы вокруг. А время было неспокойное, готовилась интифада. И вот появляемся мы в их городе, двое, бородатые, в черных халатах, шляпах, короче, все, как положено.

И я вижу, как они все вдруг оборачиваются на нас, останавливаются и начинают пальцами на нас показывать.

Кто-то уже бежит за машиной, кто-то параллельно машине, и я понимаю, что сейчас им ничего не стоит остановить нас, затащить куда-то в переулок и прикончить или прямо здесь забросать камнями.

Я знал, что такое может произойти запросто, я служил в Шхеме[59], когда был в армии. Мы без оружия туда не решались заходить.

И я уже слышу, они что-то кричат друг другу, и взгляд у них такой... животный... И тут мысль: «Ребе со мной, что делать?!»

Я смотрю на него. И вижу, он – спокоен. Ни капли волнения на лице. И он еще говорит мне:

– Интересное место, я здесь никогда не был. Не торопись. Езжай спокойно.

---
[59] Шхем (ивр. שְׁכֶם) – в русской традиции Сихе́м. Город на Западном берегу реки Йордан, в Палестинской автономии.

И я сбавляю газ, как по команде. А они бегут рядом...

Но Ребе передает мне такое спокойствие, он их, как будто и не видит. Но я-то их вижу! Вижу, как впереди собирается толпа. И понимаю, что нас сейчас будут останавливать... Что делать?

И вдруг из-за поворота выворачивает автобус, и, оказывается, это наш автобус, компании «Эгед»[60]. Я тут же «приклеиваюсь» к нему. Он петляет – я тоже, он поднимается в горку – я за ним... Так мы и выезжаем из города.

И вот, когда мы выехали, я остановил машину, откинулся на сиденье и закурил. Меня трясло, руки дрожали. И я честно сказал:

– Ребе, я испугался!

– А я нет, – говорит Ребе.

– Как нет?! – спрашиваю.

– А я был уверен, что ничего не случится, – говорит он.

Как такое может быть? Я смотрю на Ребе, он спокоен, даже улыбается.

---

[60] Автобусный кооператив «Эгед» (ивр. אגד) – самая крупная автобусная компания в Израиле.

– Ну, представь себе, что они думали, когда нас видели? – говорит он.

– Что надо нас прикончить! – говорю.

– Нет, они думали, если к ним заехали двое таких, как мы, значит, они едут по делу, может быть поговорить с каким-то нашим мудрецом, может, их пригласил наш имам[61], – он говорит серьезно, кивает мне, – да-да.

Потом я понял, что он ничего такого не думал, он так меня успокоил. Просто отношение к страху у него было другое абсолютно.

Когда есть связь с Творцом, у тебя нет страха. Я видел на РАБАШе, как это работает. Как он сразу же связывал все происходящее с Творцом, с собой, со всем миром так, чтобы не было различия. И в этом единении проходили все сомнения и страхи. Когда все исходит из Творца. Когда понимаешь, что причина всему происходящему – привести тебя к слиянию с Ним, тогда о каком страхе речь?

Вот тогда, в машине, РАБАШ достал свою синюю тетрадку «Шамати» и безошибочно

---

[61] Имам – высокий духовный титул в исламе.

открыл ее на нужной странице. Это была запись «Когда страх овладевает человеком». И я уже не в первый раз прочитал, сказанное Бааль Суламом: «Когда к человеку приходит страх, он должен знать, что единственной причиной тому является сам Творец…»[62]

Так жил РАБАШ. Не в страхе – в трепете перед Творцом. И я не уставал удивляться тому, что связь эта может быть постоянной. Я хотел жить так же.

/НЕПРЕД-ВИДЕННОЕ /

И тут случилось непредвиденное.

Мы вернулись из Тверии, намеревались в конце недели ехать снова, была какая-то небольшая трапеза, уже не помню по какому поводу. Моя жена Оля с дочками была наверху, на втором этаже, с женщинами и с женой РАБАШа Йохевед.

---

[62] «Шамати» (Услышанное), 2012 год, стр. 138, статья 206.

И вдруг я вижу Ольгу и сразу понимаю, что-то случилось. Она кричит мне со второго этажа по-русски: «Миша, поднимись наверх! Быстрее!» Все посмотрели на меня – никто не понимал по-русски. Я сказал: «Я должен подняться». И сразу же побежал наверх.

Поднимаюсь, рабанит[63] лежит на полу без движения. Но смотрит открытыми глазами, дышит. Только не может двигаться. Как потом выяснилось, у нее случился инсульт! У нас в группе был врач, и я тут же позвал его, ничего пока никому не объясняя. Крикнул: «Доктор, поднимись сюда!» Доктор поднялся наверх и сразу все понял.

И тут мы сделали ошибку. Доктор сказал: «Давай перенесем ее на диван». А в таком случае нельзя трогать человека. Мы перенесли ее на диван, и я уже собирался позвать РАБАШа, но он появился сам. Увидел все и… стих. Замер, осторожно прошел в угол комнаты, сел и уже не спускал с нее глаз. Молча следил за тем, что мы делаем. Очень осторожно, очень трепетно, не говоря ни слова. Я никогда не забуду, как он смотрел на нее. А она

---

[63] Рабанит – так называют жену рава (раввина).

на него… Она его словно успокаивала, а он уже все понимал.

Приехала скорая и увезла рабанит в больницу.

/ РАБАНИТ ЙОХЕВЕД /

Ребе очень любил свою жену. Он прожил с ней 64 года. Она была старше его на год или два и происходила из очень известной в Иерусалиме семьи. Это были старожилы Иерусалима, так называемая «благородная аристократия». Семь поколений их семья жила в этом городе.

Рабанит Йохевед была высокая, красивая, с достоинством держала себя.

Я знал ее очень хорошо. У нас с ней была какая-то внутренняя связь. Может быть, потому что она чувствовала, как я отношусь к РАБАШу, как к самому близкому человеку, как сын к отцу, она и воспринимала меня как сына. Каждый шаббат посылала нам рыбу, никто другой этого не получал, только моя семья.

У нее был твердый характер настоящей уроженки Иерусалима. Ребе любил ее, уважал и слегка покорялся.

Я знал, как они привязаны друг к другу, такие непохожие, но то, что увидел тогда в больнице, – поразило.

/В БОЛЬНИЦЕ /

Я увидел, как РАБАШ за ней ухаживает.

АДМОР[64], уважаемый человек, величайший каббалист, учитель – он ухаживал за ней с такой нежностью, с такой заботой и осторожностью, как за младенцем. Я не мог себе такого представить. Сидел, пораженный в первый день, как только это увидел, и потом тоже не мог привыкнуть.

Со временем у нее восстановилась речь, некоторые части тела, но не ноги.

Да, дочки ее приходили, моя жена дежурила, Фейга, но в течение всех этих четырех лет,

---

[64] АДМОР – так называется духовный вождь у хасидов. Аббревиатура слов адонену морену ве-раббену: господин, учитель и наставник наш.

с вечера и всю ночь с ней оставался только РАБАШ. Ухаживал за ней, убирал, кормил, поил, не отходил от нее ни на шаг. Чувствовал, что именно он нужен ей. У них была поразительная внутренняя связь.

Уже в который раз я убедился, как он мог себя отменить, до непостижимого, невозможного состояния, как мог полностью отдать себя, настолько, что его не существовало.

И ты смотришь на это и понимаешь, какой ты пигмей перед ним, как ты даже близко к этому не способен приблизиться и поражаешься его высоте.

Это была настоящая любовь. Не наша, земная, сплошь эгоистическая. Любовь преданная — двух красивых людей.

/ ЛЮБОВЬ /

Любовь — она выше эгоизма человека. Мы не очень-то говорили об этом с РАБАШем, но это его фраза: «Любовь — это домашнее животное, которое растет от взаимных уступок ... »

Они так жили с Йохевед. Строили любовь в двух плоскостях. В одной плоскости были споры и несогласие друг с другом. Повторяю, они были очень разные: иерусалимская аристократка, воспитанная в ортодоксальном духе, и он – каббалист. И другая плоскость – это связь, которую они строили над всеми противоречиями, это и называется «все прегрешения покроет любовь».

Глядя на них, было понятно, что только таким образом два человека могут соединиться друг с другом в доброй, крепкой, здоровой, поистине человеческой связи.

/ РАЗЛУКА /

Рабанит Йохевед умерла спустя четыре года. Она не смогла оправиться от инсульта.

Это было в 11 часов ночи. Мне позвонили домой и сказали: «Михаэль, ты должен прийти! Мы не знаем, что делать с Ребе».

Я тотчас же приехал. РАБАШ лежал у себя в комнате, напротив стояла ее пустая кровать. Я вошел, сел рядом с ним и спросил: «Вы хотите что-то сказать остальным?» Он ответил: «Нет».

Долго молчал, я не хотел нарушать его молчания. Тоже тихо сидел в стороне. За дверью слышались женские голоса. РАБАШ сказал: «Михаэль, что они хотят? Пойди, спроси их».

Я вышел к его дочерям, и они сказали, что хотят заказать автобусы, чтобы ехать в Иерусалим, на Гору Успокоения[65]. Я вернулся к РАБАШу, рассказал ему об этом, а он удивился: «Для чего Гора Успокоения?! Зачем Иерусалим?! Видите, за окном кладбище? 300 метров от дома. Давайте похороним ее здесь».

Это не было пренебрежением к жене, нет, таким было его отношение ко всему внешнему. Но дочери, конечно же, этого не поняли. Они возмутились: «Наша мама будет в Бней-Браке, а не в Иерусалиме?! Урожденная иерусалимка! Это невозможно!» Тогда Ребе сказал мне: «Я не буду вмешиваться. Пусть делают, что хотят».

Так Йохевед похоронили в Иерусалиме.

---

[65] Ар а-Менухот (ивр. הר המנוחות, Гора Упокоения) – центральное еврейское кладбище в Иерусалиме.

/РАБАШ ВНОВЬ ПОРАЖАЕТ МЕНЯ /

Все семь дней после похорон Йохевед, Ребе молчал, был погружен в себя, думал. Отсидели шиву, и он, уже в который раз, поразил меня.

Показал, что же это такое, когда ты держишься только за цель, только ее видишь, только к ней идешь. И только ей предан. Над разумом, над чувствами, над установками этого мира, над всем.

Он подошел ко мне и сказал: «Помоги мне найти жену». Стою, удивленный, не знаю, что и ответить, не сразу реагирую. А он продолжает: «У меня нет выбора. Мне нужно сделать хупу[66]».

Мне тогда уже был понятен духовный корень этого требования. Я знал, что каббалист обязан быть женат, но я не предполагал, что РАБАШ так мгновенно примет решение.

Они с Йохевед были неразлучны в радости и в горе, Йохевед ушла, и я думал, должно пройти

---

[66] Хупа – свадебный балдахин, полог, под которым происходит церемония брака. В каббале хупа, то есть экран и отраженный свет, символизирует слияние с Творцом.

время, ну, год, два… но нет. Он не мог ждать, не имел права. Требование быть женатым, даже формально, для него было превыше всего, потому что это было требование Высшего.

Так, практически в конце жизни, РАБАШ делает новый переворот…

После долгих поисков Фейга, которая ухаживала за женой РАБАШа, в которой РАБАШ видел очень преданную свою ученицу, становится его второй женой. И тут, так же, как и прежде, он снова показывает, что готов к любой революции, невзирая на то, что скажут, что подумают, как посмотрят. Если это касается цели, он готов на все. Но об этом в другой раз.

/ РАБАШ СЛАБЕЕТ /

Прошел еще один год. Каждый день, проведенный с РАБАШем, был особым. Это было высшее счастье быть рядом с ним. Я, конечно, хотел, чтобы так продолжалось всегда. Но понимал, что физически мы должны будем расстаться.

Старался не думать о его смерти… но однажды очень испугался…

РАБАШу было уже 85 лет, и вдруг стало заметно, что тот «бегущий ребе», как его называли в Бней-Браке, уже не такой «бегущий».

Мы ходили всё лето на море, и он уже все это лето не купался. Я ждал его, чтобы зайти в воду вместе, а он говорил мне: «Иди-иди, не жди меня».

Обычно он первый заходил. Азартно проплывал свои четыреста гребков, а тут я плавал один, все время оглядывался на него. Он мне издали махал рукой и ходил, ходил по пляжу, о чем-то своем думая все время.

Он уже как-то отпустил себя. Он согласился. А я не понимал этого. Он закрылся от всяких лечений, такого с ним не происходило никогда. Обычно он безропотно шел к врачам, выполнял все их указания. А тут я вдруг обнаруживаю, что у него начались выделения крови, волнуюсь, говорю ему это, а он на меня так странно смотрит и отвечает: «Ничего страшного». Я ему: «Но, Ребе...» А он отрезает: «Всё! Никаких разговоров!» И рукой так машет, как сейчас помню, словно говорит: оставь.

У него было точное знание, что он уходит.

Он чувствовал это, абсолютно четко чувствовал. А я думал, – пройдет.

Он даже не хотел, чтобы ему покупали этрог, лулав[67] к празднику Суккот, он не хотел ничего делать наперед. Приближался праздник Рош а-Шана[68], за ним Суккот, а он не говорил уже

---

[67] Лулав, этрог, адассим, аравот – растения, атрибуты праздника Суккот, которые символизируют различные свойства человека.

[68] «Рош а-Шана» (Голова года) – еврейский Новый год, праздник, который олицетворяет начало духовного пробуждения человека.

о сукке. Я знал, как трепетно он относился к этому празднику, как требовал соблюдать все самые мельчайшие тонкости в строительстве сукки, начинал об этом волноваться и теребить нас еще за месяц до праздника, а тут – молчит.

И все время в своих мыслях.

Поразительно, как я не забил тревогу. Надо было уговорить его идти к врачу, сделать все проверки, не соглашаться, не отпускать его, пока не проверится…

Но не давали мне это сделать. Как-то вдруг забылось и предупреждение, которое мы получили задолго до этого. Мой товарищ, Йоси

Гимпель рассказывал мне, что разговаривал с некоей женщиной в Беэр-Шеве, и она вдруг сказала ему, что скоро РАБАШа не станет. И еще добавила удивительную фразу: «Что же ты, Йоси, так себя ведешь?! У тебя есть человек, к которому ты можешь обратиться, и все от него узнать, и он желает, чтобы ты это сделал, а ты не можешь». Йоси ей тогда ответил: «Да, я не могу. Я не знаю, как это делать. Я не знаю, как подойти, как спросить, я очень хочу, но не знаю». И она сказала: «Ну, ладно, оставь. Но помни, у него есть время только до 91-го года». Это было года за четыре до смерти РАБАШа. И как-то все забылось, подумалось, неужели мы будем верить всем этим предсказаниям?! И все стерлось с памяти.

Но так и случилось.

Сегодня я уже понимаю, что это такое, когда тебя могут полностью перекрыть, просто отключают мозги, чувства, страх, тревогу. Мы во власти Высшего. Он командует абсолютно всем.

И РАБАШ это знал лучше всех. У него шел внутренний диалог с Творцом.

/ПОСЛЕДНИЕ ДНИ /

Однажды, во время урока ко мне подошел Миллер и прошептал: «Ты видел?» И указал на Ребе. Ребе сидел за столом, и его трясло.

«Знаешь, это уже не первый раз», – сказал он. Я говорю: «А я не видел! Как же так?!» И вот тут-то я и испугался, тут же подумал: что-то надо с этим делать! А это были уже сердечные приступы. Я так понимаю, что это уже был инфаркт! Он уже переносил инфаркт на ногах и никому ничего не говорил. Умышленно не говорил.

Я сразу же позвонил знакомому врачу. Он привез кардиограф. Мы сделали кардиограмму. И врач сказал мне: «Я считаю, надо срочно ехать в больницу. Что-то нехорошее с ним происходит. Я даже с вами поеду».

И мы поехали в больницу Бейлинсон. Я знал, что у РАБАШа крепкое сердце, но, чтобы вот так восстанавливаться, за минуты, за час какой-то, я не предполагал, что это возможно! Ребе снова снимают кардиограмму, уже в больнице… – все в порядке. Кардиограмма показывает: абсолютно здоровое сердце, ровный пульс, наполнение – все, как у ребенка.

Нас хотели отправить домой, но я настоял, и нас сначала перевезли в отделение для сердечников. А потом, все-таки, перевели в общее отделение. Подумали, ординарный случай, ничего срочного.

Врачи, ведь относились к этому просто: для них это не был великий каббалист, последний каббалист в своем поколении. Для них это был 85-летний старик, 1906 года рождения, он уже столько пожил …

/ «БЕ ТОХ АМИ АНОХИ ЁШЕВЕТ» – «Я ПРЕБЫВАЮ В СВОЕМ НАРОДЕ» [69] /

Я не отходил от него два дня. Помыл его, сменил пижаму, закутал в одеяло, сидел все время рядом.

В общей палате было 6-8 человек, такие же старики, как он. Один из них стонал беспрерывно, и я решил настоять, чтобы вернули РАБАШа в отдельную палату. А Ребе мне говорит: «Не надо, Михаэль, бэ тох ами анохи ёшевет… Ты иди спокойно, я посплю сейчас, чувствую – засну, иди. Приезжай ко мне завтра утром пораньше, я хочу успеть одеть тфилин». И потом

---

[69] «Я пребываю в своем народе» – в тех, кто объединяется в одно целое, чтобы раскрыть в этом единении Творца – свет, любовь, отдачу.

берет меня за руку и говорит: «А это вот тебе тетрадка "Шамати", – и дает мне свою синюю тетрадь, с которой никогда не расставался, просто вкладывает мне ее в руку, – возьми ее себе и занимайся по ней… А теперь, иди».

И я ушел.

Оглянулся перед тем, как выйти из палаты, он приподнял руку, прощаясь.

Так я и вышел. Еще подумал: «Почему он отдал мне свою тетрадь?! Почему отдал именно сейчас. Что он этим хочет сказать?!» Я подумал об этом, но не понял тогда, что так он прощается со мной. Он отдавал мне самое дорогое, то, что пронес через всю жизнь, – записки отца, с которыми не расставался.

Сейчас, когда я вспоминаю об этом, мне удивительно и странно думать, почему я не остался, почему согласился с ним, как он сумел «усыпить меня». Но снова и снова понимаю, что ничего я не мог сделать, что все в руках Высшего, и все, что не делается, делается Им, и мы ничто перед Ним, ничто!

/ТАК
ОН
УШЕЛ /

На следующий день я почему-то задержался на уроке. Потом поехал домой, забрал овсяную кашу, которая Оля сварила для него, он просил, с молоком, без сахара... Пока приехал, пока пришел к нему, было уже пол седьмого. Я помню точно, я еще посмотрел на часы, как сейчас вижу их стрелки, как будто они замерли.

Он лежал, повернувшись к окну, сжавшись, как ребенок, я сразу все понял, подбежал, услышал его дыхание... Он задыхался. И никому не было до этого дела! Никто не забил тревогу, не крикнул врачей!.. Вокруг лежали одни старики, они и не слышали, что Ребе задыхается, он лежал тихо, не стонал. Я позвал его: «Ребе! Ребе!..» Он не ответил. Я побежал за врачами.

Врач посмотрел на него, сразу все понял. Принесли дефибриллятор. Пытались запустить сердце. Врачи работали над ним, наверное, часа два. Я хотел остаться в палате, но меня вывели в коридор.

Я стоял в коридоре, через окно была видна палата. Я видел, как они работают. Они действительно старались, как могли. Не отходили от него, делали внутривенные уколы… А я стоял и понимал, что у меня на глазах умирает самый близкий на свете человек, ближе нет никого. И не будет.

Но во мне не было паники. Он все-таки приготовил меня к своему уходу…

Так он и умер, не приходя в себя.

Врач вышел, он был весь в поту, такой здоровый парень, сказал мне: «Все». Я кивнул. Дальнейшие свои действия помню смутно.

Позвонил Ольге, потом позвонили Фейге, Миллеру, они приехали быстро, приехали сыновья РАБАШа. Очень много наших собралось, весь коридор был забит учениками, родственниками. Я курил сигареты одну за одной.

РАБАШа увезли в морг. Врач передал мне его часы. Все.

/УШЕЛ И ОСТАЛСЯ/

Что было потом…

Похороны были в тот же день, в пятницу. В религиозной газете «Амодиа» появилось сообщение:

«15 сентября 1991 года «На исходе праздника Рош а-шана [Рабаш] почувствовал себя плохо и был срочно доставлен в больницу "Бейлинсон". Приверженцы и почитатели молились о его выздоровлении, однако в пятницу, в 7 утра он вернул душу Создателю. У его постели стояли сыновья рав Шмуэль и рав Йехезкель, и его доверенный Михаэль Лайтман».

Хоронили РАБАШа рядом с Бааль Суламом[70].

Собралось те, кому успели сообщить. Я стоял в стороне. К могиле не подходил. Там командовали родственники. Потом была шива. Люди приходили, уходили, много было слез, слов. Тогда у меня и поднялось давление, меня качало, кружилась голова, до этого я и не знал, что это такое. Померили – 180/110. Внутреннее напряжение было огромное, чего уж говорить.

Но я помню очень ясно, все равно, несмотря ни на что, не было страха, паники не было. То есть работали две части мозга. В одной, конечно же,

---

[70] «Когда умер Ребе, тоже не знали, где его похоронить. В отличие от многих других людей, он не покупал себе место на кладбище. В то время места возле Бааль Сулама продавали по 5000 долларов и больше. Были люди, которые давно уже купили их себе. А Ребе вообще не думал об этом. Потому что это не было связано с Целью. А значит, и не существовало для него.» (Из блога Михаэля Лайтмана).

ощущение того, что физически он ушел. В другой – было полное понимание, что начинается новый период.

И это, несмотря на то, что я все 12 лет был полностью завязан на РАБАШе. С утра до вечера я был с ним, если не физически, то в мыслях. «Надо купить РАБАШу сыр, у него закончился сыр; надо отвести его к врачу, он стал хуже спать; Оля сварила ему еду, надо привезти обязательно до обеда… А вот об этом надо поговорить с ним, только бы не забыть…» Он стал моим вторым я. Без РАБАШа я не мыслил своей жизни.

/И ВДРУГ ЕГО НЕТ!../

Первое время я вскакивал в поту, смотрел на часы с мыслью – проспал!.. Уже полдесятого, а надо в девять быть у него!.. И вдруг понимаешь, что никуда я не опоздал, что ехать некуда.

Ложишься, закрываешь глаза, а он стоит перед тобой, как живой…

Да, первое время было непросто… А как непросто было ехать в машине без него, мы ведь столько отъездили вместе… И не слышать: «Михаэль, не гони, сказал тебе!», он не любил, когда я ехал выше 90; «Михаэль, надо протереть стекло», он любил, чтобы стекла всегда были идеально чистыми; «Михаэль, давай поедем сегодня на Мерон...» И мы ехали на Мерон, на могилу РАШБИ... А сейчас, с кем поедешь?!

Но все-таки это как-то улеглось со временем. Именно потому, что работала и вторая часть мозга – главная часть. Где я чувствовал его абсолютно. То есть ушел от меня Учитель, отец, друг... Но и не ушел! Чем больше проходило времени, тем ближе и ближе я ощущал его. РАБАШ ведь просто отдал всего себя. У него не было такой минуты, что он вообще делал что-то для себя. Всё было построено только в одном направлении: от себя к другим.

И он заразил меня этим движением.

Я чувствовал, что он меня толкает вперед, и нет у меня другого выхода, а только идти, так же как он, не сворачивая, не покупаясь ни на что, идти как он, и сделать все, чтобы передать миру то, что он хотел передать. То, что он вложил в меня. Я чувствовал в себе эту ответственность, чувствовал ее тогда, чувствую и сегодня.

То, что произошло со мной дальше, – это все он, РАБАШ.

/М. ЛАЙТМАН В СОЦИАЛЬНЫХ СЕТЯХ/

YOUTUBE

SOUNDCLOUD

FACEBOOK

INSTAGRAM

TWITTER

TELEGRAM

М. ЛАЙТМАН

ВСЕГДА СО МНОЙ

/О МОЕМ УЧИТЕЛЕ РАБАШЕ/

ISBN 978-965-7577-96-7
DANACODE 760-141

В книге использованы фотографии из архива Международной академии каббалы.

Технический директор: М. Бруштейн.
Литературная обработка: С. Винокур.
Редакторы: Э. Сотникова, М. Розенштейн.
Технический редактор: Н. Серикова.
Корректор: П. Календарев.
Художественное оформление: А. Мохин.
Верстка: Г. Заави.
Графика: П. Рони, А. Мухин.
Выпускающий редактор: С. Добродуб.

www.ingramcontent.com/pod-product-compliance
Lightning Source LLC
LaVergne TN
LVHW041703070526
838199LV00045B/1176